昭和モダン建築巡礼 完全版 1945-64

JAPANESE MODERN ARCHITECTURE 1945-64

磯達雄＝文／宮沢洋＝イラスト／日経アーキテクチュア編

はじめに

塗り直しで痛感した「奇跡の時代」

本書は、日経アーキテクチュアの連載「建築巡礼」で掲載したリポート記事に、描き下ろしのイラストを加えて竣工年順に再構成したものである。「建築巡礼」は2005年から約15年続く連載で、国内の名建築を百数十件リポートしている。本書で取り上げたのは、太平洋戦争が終結した1945年から前東京五輪の1964年までに国内に竣工した建築55件だ。

「建築巡礼」の連載は、この「昭和モダン編」から始まった。第1期の昭和モダン編は、既に書籍『昭和モダン建築巡礼 西日本編』(2006年発刊)、『同 東日本編』(2008年発刊)に収録している。その後も連載が10年近く続いて、昭和モダン編の第2期を実施することになった。今回、その書籍化に当たっては、第1期昭和モダン編の記事も含めて竣工年順に並べることにした。

つまり、ざっくり言って本書の約半分は既刊書籍に掲載されていた記事である。しかし、単純な再録ではない。その作業は想像以上に大変であった……。

今、この原稿を書いているのはイラスト担当の宮沢である。何が大変だったかというと、第1期の昭和モダン編では、イラストがモノクロだった。イラストがカラー化された第2期の記事と並べてみると、第1期の記事が古く見え、時代の流れを自然に見ることを阻害してしまう。そこで、すべてのイラストをカラーに塗り直すことにした。本書だけでその数40枚以上……。

そうした地味な作業を通して、改めて思ったことがある。それは1961〜1964年に竣工した建築のクオリティーの高さだ。本書のPart3「飛躍期」に当たる部分である。そして、その頂点とも言える1964年のラインアップは、まさに「奇跡」。筆者の本業は日経アーキテクチュアの編集長なのだが、この年の建築雑誌の編集長はさぞや大変だったろうと、頭がクラクラする。

本書を通して、モダニズム建築の面白さとともに、五輪に向けての"時代の勢い"を感じていただければ幸いである。

2019年9月

宮沢洋[日経アーキテクチュア編集長]

※本書で掲載した55の建築のうち25件は既刊の『昭和モダン建築巡礼 西日本編』『同 東日本編』『菊竹清訓巡礼』のいずれかに掲載している。本書では「昭和モダン建築」の流れを明確にするために、改めてそれらを掲載した。

Contents

002　はじめに

特別対談 | Dialogue

006　藤森照信氏×磯達雄氏｜丹下健三も憧れた村野藤吾の魔術
　　　戦後建築を世界レベルに押し上げた建築家10人［前編］

270　藤森照信氏×磯達雄氏｜排除しない日本らしさが丹下を育てた
　　　戦後建築を世界レベルに押し上げた建築家10人［後編］
　　　—

288　あとがき1｜磯達雄
291　あとがき2｜宮沢洋
294　記事掲載号
295　著者プロフィール

024　**復興期** 1945–1955

026　01｜岩国徴古館｜1945｜佐藤武夫
　　　　　戦時下のファンタジー
032　02｜藤村記念堂｜1947｜谷口吉郎
　　　　　動線としての建築
038　03｜八勝館御幸の間｜1950｜堀口捨己
　　　　　懐石料理とモダニズム
044　04｜神奈川県立近代美術館［現・鎌倉文華館 鶴岡ミュージアム］｜1951｜坂倉準三建築研究所
　　　　　モダニズムを支える石
050　05｜東京日仏学院［現・アンスティチュ・フランセ東京］｜1951｜坂倉準三建築研究所
　　　　　坂の上の水平スラブ
056　06｜志摩観光ホテル旧館｜1951｜村野・森建築事務所———寄り道
　　　　　今なら最先端？ 民家風モダン
058　07｜広島平和記念資料館本館［旧陳列館］｜1952｜丹下健三研究室———寄り道
　　　　　軸線を強調するギャラリー
060　08｜世界平和記念聖堂［カトリック幟町教会］｜1954｜村野・森建築事務所———寄り道
　　　　　らしくない"普通さ"の真意
062　09｜神奈川県立図書館・音楽堂｜1954｜前川國男———寄り道
　　　　　「重くない前川」の真骨頂
064　10｜図書印刷原町工場［現・沼津工場］｜1955｜丹下健三研究室
　　　　　富士山を望んで
070　11｜国際文化会館｜1955｜前川國男、坂倉準三、吉村順三———寄り道
　　　　　「ビッグ3」夢の共演

※記事中の「RC造」は鉄筋コンクリート造、「S造」は鉄骨造、
　「SRC造」は鉄骨鉄筋コンクリート造を示す

072 **葛藤期** 1956–1960

074 | 12 | 松井田町役場[松井田文化財資料室] | 1956 | 白井晟一研究所
　　　縄文は弥生に再び勝利する

080 | 13 | 秩父セメント第2工場[現・秩父太平洋セメント秩父工場] | 1956 | 谷口吉郎＋日建設計工務
　　　自らのように自らをつくる

086 | 14 | 福島県教育会館 | 1956 | ミド同人
　　　イッツ・オンリー・ロックンロール

092 | 15 | 聖アンセルモ教会[カトリック目黒教会] | 1956 | アントニン・レーモンド ── 寄り道
　　　教会の名手、光とアートの融合

094 | 16 | 東京都水道局長沢浄水場 | 1957 | 山田守＋東京都水道局
　　　光と闇が出会うところ

100 | 17 | 登別温泉科学館[現・登別温泉ふれあいセンター] | 1957 | 太田実
　　　終わらないモダニズム

106 | 18 | 岡山県庁舎 | 1957 | 前川國男

　　| 19 | 岡山県総合文化センター[現・天神山文化プラザ] | 1962 | 前川國男
　　　異色作の味わい

112 | 20 | 海星学園中央館 | 1958 | 吉阪隆正／綾井吉阪協力事務所
　　　ナガサキから世界を眺めて

118 | 21 | 善照寺本堂 | 1958 | 白井晟一
　　　虚なる中心の柱

124 | 22 | 香川県庁舎[現・東館] | 1958 | 丹下健三研究室
　　　システムから生まれた伝統美

130 | 23 | 東京工業大学創立70周年記念講堂 | 1958 | 谷口吉郎 ── 寄り道
　　　建築はコストではない

132 | 24 | 聖クララ教会[カトリック与那原教会] | 1958 | 片岡献 ── 寄り道
　　　ステンドグラスから海を見通す

134 | 25 | 羽島市庁舎 | 1959 | 坂倉準三建築研究所
　　　洪水の記憶

140 | 26 | 都ホテル佳水園[現・ウェスティン都ホテル京都佳水園] | 1959 | 村野・森建築事務所
　　　伝統と近代がぶつかる屋根

146 | 27 | 国立西洋美術館 | 1959 | ル・コルビュジエ ── 寄り道
　　　構想としての「うずまき」

148 | 28 | 五島美術館 | 1960 | 吉田五十八
　　　平安絵巻モダニズム

154 | 29 | 倉敷市立美術館[旧倉敷市庁舎] | 1960 | 丹下健三研究室 ── 寄り道
　　　柱梁のどっしりとした表現

156 | 30 | 輸出繊維会館 | 1960 | 村野・森建築事務所 ── 寄り道
　　　表と裏2つの「日本一階段」

158 | 31 | 学習院大学中央教室 | 1960 | 前川國男建築設計事務所 ── 寄り道
　　　キャンパスにアクセント

160　飛躍期 1961–1964

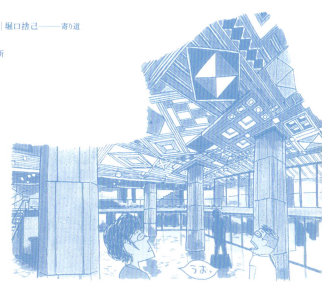

- 162　32　**群馬音楽センター** |1961|アントニン・レーモンド
  遠き山に日は落ちて
- 168　33　**大原美術館分館** |1961|倉敷レイヨン営繕部(浦辺鎮太郎)
  実現されたユートピア
- 174　34　**常滑市立陶芸研究所**[現・とこなめ陶の森 陶芸研究所]|1961|堀口捨己――寄り道
  永遠にあせない紫モザイク
- 176　35　**日南市文化センター** |1962|丹下健三＋都市・建築設計研究所
  プレイバック南方幻想
- 182　36　**日本26聖人殉教記念施設** |1962|今井兼次
  　　　　大隈記念館[現・大隈重信記念館](1966)|今井兼次
  人間になった建築たち
- 188　37　**小原流家元会館・豊雲記念館**(1970)|1962|清家清
  美しきダジャレの魅力
- 194　38　**江津市庁舎** |1962|吉阪隆正
  市民広場の運命
- 200　39　**アテネ・フランセ** |1962|吉阪隆正
  ピンクの壁にたたずんで
- 206　40　**内之浦宇宙空間観測所** |1962|池辺陽
  未知の探求に応えた未知の建築
- 212　41　**新制作座文化センター** |1963|RIA建築綜合研究所
  共同のかたちを追い求めて
- 218　42　**日本生命日比谷ビル**[日生劇場]|1963|村野・森建築事務所
  その輝きは真珠のごとく
- 224　43　**出雲大社庁の舎** |1963|菊竹清訓建築設計事務所
  「依り代」としての建築
- 230　44　**市村記念体育館** |1963|坂倉準三建築研究所――寄り道
  HPシェルと折板構造のガメラ
- 232　45　**東光園** |1964|菊竹清訓建築設計事務所
  空に浮かぶ客室
- 238　46　**甲南女子大学** |1964|村野・森建築事務所
  つけまつげをした"男装の麗人"
- 244　47　**弘前市民会館** |1964|前川國男建築設計事務所
  雪の中、卍の城で
- 250　48　**京都タワービル** |1964|山田守建築事務所――寄り道
  放物線は前衛建築のしるし
- 252　49　**武蔵野美術大学アトリエ棟**[現・4号館]|1964|芦原義信建築設計研究所
  宙に浮くグリッド
- 258　50　**駒沢体育館** |1964|芦原義信建築設計研究所
  　　　51　**駒沢陸上競技場** |1964|村田政真建築事務所
  塔を見るピアッツァ
- 264　52　**旧・江の島ヨットハーバークラブハウス** |1964|谷口吉郎、山田水城
  セーラーが発想した形

[丹下健三 1964トリロジー]

- 282　53　**東京カテドラル聖マリア大聖堂**[カトリック関口教会]|1964|丹下健三＋都市・建築設計研究所
  話したくなる「形の意味」
- 284　54　**国立代々木競技場**[国立屋内総合競技場]|1964|丹下健三＋都市・建築設計研究所、丹下健三研究室
  アゲアゲ曲線、二度目の五輪へ
- 286　55　**香川県立体育館** |1964|丹下健三＋都市・建築設計研究所、集団制作建築事務所
  高度過ぎた構造設計の悲運

特別対談 | Dialogue

藤森照信氏［建築史家、建築家、東京大学名誉教授］ × 磯 達雄氏［建築ライター］

丹下健三も憧れた村野藤吾の魔術
戦後建築を世界レベルに押し上げた建築家10人［前編］

東京カテドラル聖マリア大聖堂にて（対談写真：稲垣 純也）

建築史家で建築家でもある藤森照信氏。丹下健三ツウとしても知られる藤森氏をゲストに迎え、丹下氏の設計で1964年に竣工した東京カテドラル聖マリア大聖堂にて、磯達雄との対談を行った。「丹下健三は20世紀後半、世界の頂点に立った」と藤森氏。しかし、それは丹下氏のみの力ではなく、同世代のライバルたちと激しく競い合った結果だった。……という堅い前振りはさておき、この対談、面白過ぎる！
（進行・似顔絵：宮沢 洋）

―― 今回の書籍は、1945年から1964年、つまり戦後から東京オリンピックまでにつくられた建築が対象です。

藤森（以下、藤）｜一番おいしいところだね。声を掛けてくれて、ありがとう（笑）。

―― そのおいしい部分の対談ということで、やや強引ではありますが、「戦後建築を世界レベルに押し上げた建築家を10人選ぶ」というテーマで対談をお願いしたいと思います。

藤｜戦後の中核になった人たちということだね。

磯｜10人に絞るというのは悩ましいなあ。

―― そこをなんとか（笑）。対談の進め方としては、お２人の頭に浮かんだ建築家の中で、生まれの早い人から１人ずつ交互に挙げていって、その理由をお話しいただけたらと。

01｜村野藤吾――
まねできなかった魔術的インテリア

―― それでは、まず藤森先生からお願いします。

藤｜最初は村野藤吾かなあ。戦前から活躍しているけれど、村野さんは何年生まれだろう。

● 戦後建築この10人 ●
01
村野藤吾
Togo Murano

1891（明治24）年－1984（昭和59）年

造形と素材で異彩放つ
早稲田大学の建築科を卒業後、渡辺節建築事務所を経て1929年に村野建築事務所を開設、1949年には村野・森建築事務所と改称した。「様式の上にあれ」を唱え、様式建築の乗り越えから建築家をスタートする。しかしモダニズムに染まることはなく、豊かな造形性や素材感を備えた作風は、戦後、モダニズムが主流の時代にも異彩を放ち続けた。代表作は、宇部市渡辺翁記念会館、世界平和記念聖堂、千代田生命ビルなど多数。商業建築から公共施設まで幅広い分野で活躍し、また料亭や茶室などの和風建築でも巧みな腕を振るった。晩年の大作、新高輪プリンスホテルを完成させたのは90歳を超えてから。老いても旺盛な創作活動を続けた。

村野藤吾が設計した佳水園(1959年、140ページ)。村野が設計した都ホテル(現・ウェスティン都ホテル京都)の中にある(建築写真:22ページまで特記以外は磯 達雄もしくは宮沢 洋)

村野藤吾の設計した日生劇場(日本生命日比谷ビル、1963年、218ページ)のホール内。天井一面にアコヤ貝が張られている

磯｜1891年生まれですね。

藤｜19世紀の生まれなのか……。村野さんの戦後の建築で面白いのは、日生劇場(1963年、218ページ)と都ホテルの佳水園(1959年、22ページ)ですね。特に佳水園は、「よくこんなものをつくったなあ」とびっくりしました。

磯｜最初にご覧になったのはいつごろですか。

藤｜できてだいぶたった頃。本当に隅々まで、和風を基本にしながらモダンな感覚でデザインされていた。あそこに泊まれるようには見えなかった。見せるための場所じゃないかと。でも、ちゃんと泊まれたんだよね。

磯｜海外の著名建築家も日本に来たときに、あそこに泊まっているようです。フィリップ・ジョンソン(1906–2005年)も泊まって、すごく小さい木のバスタブに体を縮こませながら入ったという文章が残っています。

藤｜佳水園は、木造の常として木がだんだん古びて見えるよね。今は伝統建築の域に入っているかな。それに比べると、日生劇場は、今行っても古びた感じがしない。

磯｜村野藤吾は、モダニズム的な建築から和風の建築までどっちもうまい。作品の振れ幅が大きくてどういうふうに捉えたらいいのか難しい人だなといつも思います。

藤｜僕の知る限り、海外にも村野のような人がいた。ドイツのパウル・シュミット・ヘンナー(1884–1972年)という人です。モダニストの勉強をしながら歴史主

義が好きで、村野さんみたいなデザインをやった。彼のミュンヘンの自宅を訪れて奥さんに会ったけれど、村野さんよりうまいかもしれない。だけど、地域主義というところで、ヒトラーの時代に評価されちゃって、それで戦後は仕事もなかった。今はそこそこ評価されているけど。

磯｜もしかすると、それぞれの国に村野的な人がいたのかもしれないですね。

藤｜そうかもしれないね。若いころの村野さんは、セセッション（ウィーン分離派）と表現派時代の人なんですよ。それからモダニズムに目覚めて、だけどちょっとやっただけで、自覚的にモダニズムはやらないという方向に変わった。村野さんみたいに、モダニズムを理解しながら「俺はやらん」という人は海外にもいたのかもしれない。そういう人の評価はこれからだんだん広まるんじゃないかな。

──村野藤吾が海外であまり評価されていないのは、分かりやすいモダニズムではなかったからということでしょうか。

藤｜そうだと思います。日本だって村野藤吾をどう扱っていいか分からないという感じだったわけでしょう。ましてや海外で……。

──丹下健三は村野藤吾をどう見ていたのでしょう。

藤｜丹下さんは、スタッフとインテリアを検討しているとき、どうしてもいいアイデアが出ないと腹が立って、「お前ら村野藤吾を見てこい」と言ったらしいよ。それでみんなで見に行ったけど、あまりに違い過ぎて、見たってどうしようもないと（笑）。基本が違い過ぎる。村野さんのインテリアは、丹下さんから見ると、自分にはできない魔法みたいな感じがしたんじゃないかな。

──丹下健三も村野藤吾をだいぶ意識していたと。

藤森照信（ふじもりてるのぶ）
建築家、建築史家。1946年長野県茅野市生まれ。71年、東北大学工学部建築学科卒業。78年、東京大学大学院博士課程満期退学。79年、博士論文「明治期における都市計画の歴史的研究」提出。98年「日本近代の都市・建築史の研究」で日本建築学会賞論文賞。2001年「熊本県立農業大学校学生寮」で日本建築学会賞作品賞を受賞。東京大学名誉教授、工学院大学特任教授。16年から東京都江戸東京博物館館長を務める

藤｜自分たちとは違う才能があると、ある部分ではだいぶ意識していた。でも、村野さんに対して当時、そう思っていなかった人は誰もいないんじゃないかな（笑）。どんなモダニストだって、佳水園を見れば、これはただ事じゃないって分かる。あのシャープさとか、環境との関係とか。あの屋根の重なりはやっぱり魔術でしょう。

02｜谷口吉郎──
「関係性の建築」を発見

──村野藤吾の話は尽きませんが、そろそろ2人目に。次は磯さん、お願いします。

磯｜では、村野との対比的な話で言うなら、谷口吉郎はどうでしょう。村野がモダニズムに距離を置いたのに対して、谷口さんは真正面から「日本的なモダニズム」を目指した人ではないかと。

藤｜谷口さんは何年生まれ？

磯｜1904年生まれです。

藤｜谷口さんは、普通の目で建築を見ると分かりづ

磯達雄（いそたつお）
建築ジャーナリスト。プロフィルは295ページ参照

●戦後建築この10人●
02
谷口吉郎
Yoshiro Taniguchi

1904（明治37）年－1979（昭和54）年

和風とモダニズムを融合
金沢の九谷焼窯元の家に生まれる。東京帝国大学で建築を学んだ後、東京工業大学で教鞭をとりながら、設計活動を始める。初期の東京工業大学水力実験室などは純粋な機能主義だったが、次第に和風を融合させたモダニズムへと傾いていった。大学校舎、美術館・博物館から工場建築まで、幅広い分野の建物を設計したほか、文学碑や戦没者慰霊碑といったモニュメントも全国で手がけた。文章も巧みで「雪あかり日記」「清らかな意匠」などの著作を残す。建築の保存にも力を入れ、博物館明治村の初代館長を務めた。東京国立博物館法隆寺宝物館などを設計した谷口吉生は実子。

谷口吉郎が設計した藤村記念堂(1947年、32ページ)。谷口吉郎は、この記念堂と慶応義塾大学校舎4号館および学生ホールによって第1回の日本建築学会賞作品賞(1949年)を受賞した

秩父セメント第2工場(1956年、現・秩父太平洋セメント秩父工場、80ページ)。設計は谷口吉郎と日建設計工務(現・日建設計)。谷口吉郎は東京工業大学の卒業設計で「製鉄工場」を題材にしていた

らい人ですよね。僕は、藤村記念堂(1947年、32ページ)を見て感動して、ようやく分かるようになった。代表作としては藤村記念堂と、日建設計と一緒にやったあの工場かな。

磯│秩父セメント第2工場(1956年、80ページ)ですね。

藤│そうそう。秩父セメントはどちらかというとコルビュジエ(1887-1965年)っぽい建築としての良さなんだけれど、藤村記念堂の良さは違う。谷口吉郎が分かりづらいと感じる方の良さ。でも、僕が高く評価しているのはそっちの良さで、実際に行くと分かるけれど、何にもないのよ(笑)。

磯│本当に何もないですよね。

藤│あれは「関係」をつくっているんですよね。門を入って、付き当たって、回って、あっちを見てこっち

を見て……という。「関係性の建築」をモダニストでやった最初の人だと思います。それは世界的な評価をすべきなんじゃないか。そういう谷口さんのすごさは、まだまだ理解されていないと思う。

磯│僕も分かりにくい建築家だなと思っていましたが、確かに外観よりも「関係性」というのは分かります。

藤│そうそう、外観はよく分からない(笑)。だけど、敷地に入って動いてみたときに心地よさがある。

磯│東京国立博物館の東洋館(1968年)もそうですね。展示室同士が関係性でつながっていく感じです。

藤│そうだね。丹下さんと比較すると分かりやすいかもしれない。丹下さんは基本的に「軸線」の建築

谷口吉郎が設計した愛知県陶磁資料館(現・愛知県陶磁美術館)。谷口吉郎が亡くなる前年の1978年に完成した

家。丹下さんの軸線っていうのは、詰まるところ左右の関係なんですよ。軸に対しての左右はものすごくよく考えている。絶対に同じものをやらない。ここ(東京カテドラル聖マリア大聖堂、1964年、282ページ)もすごく軸線を考えている。

磯｜秩父セメントもそうですが、谷口さんはよく縦長の長方形で壁面を構成します。あの縦長プロポーションは谷口さんの発明なんですかね。

藤｜谷口さんは縦に割るね。愛知県の瀬戸にある陶磁資料館(1978年)なんかは、縦割りの谷口ワールド全開ですよ。

　あの割り方は、障子の美学かもしれない。あるいは格子かな。日本的な不思議な関係性。見えるような、見えないようなという美学があの縦割りには流れているのかもしれない。

03｜堀口捨己——
本家バウハウスを超越した開放感

——では藤森先生、次の人をお願いします。

藤｜堀口捨己かな。堀口さんは、戦前の活躍だけでも十分なんだけど、戦後も八勝館(1950年、38ページ)は捨て置けないなと。

戦後建築この10人
03
堀口捨己
Sutemi Horiguchi

1895(明治28)年－1984(昭和59)年

表現主義からモダン、和風へ
東京帝国大学在学中に石本喜久治、山田守らとともに分離派建築会を結成して展覧会を行う。当時の建築界を支配していた工学重視の流れに反旗を翻した、表現主義的な建築を目指した運動だった。ヨーロッパの先端的な潮流をいち早くとらえたモダンデザインで住宅などを設計したが、海外遊学から帰国すると逆に日本の茶室を熱心に研究するようになる。戦後は寡作ながら八勝館御幸の間などの和風建築で高く評価された。1984年に89歳で永眠したが、故人の遺志でその事実が伏せられ、死後10年を経た生誕百年記念シンポジウムでようやく公表された。

――堀口捨己は1895年生まれで、戦前の住宅なども有名ですね。戦後では八勝館が捨て置けないというのは、どんなところがですか。

藤｜モダニズムは、空間の伸びやかさが特徴なんですが、バウハウスの人たちにとって、それは室内の問題だった。外との関係はでかい窓があればいいと考えていた。だからグロピウスの建築を見ても、コルビュジエやライト(1867-1959年)を見ても、必ずでかいガラスがガーンとはまっている。それは外を見るためのもの。だけど、堀口さんは、内部空間の伸びやかさを外部空間へそのままつなげられるということに気付いたんですよ。

磯｜八勝館では内と外をつなぐことを実現している。

藤｜そう。堀口さんが内と外をつなぐことを意識していたのは、若いころにドイツの動きに接していたからでしょうね。当然のようにバウハウスをすごく意識したけれど、バウハウスには何かが欠けていると彼は思った。

バウハウスのグループは基本的に箱をつくるという意識が強い。箱をつくって、そこに穴を開けてつなぐ。堀口さんはそうじゃなくて、和風をやれば内と外をつなぐことができると気付いた。彼がそれを最初にやったのは岡田邸(1933年)です。

磯｜堀口捨己は茶室を研究していましたが、それとも関係あるんでしょうか。

藤｜それも大事な点ですね。堀口さんは千利休をものすごく勉強するけれど、利休の茶室は自閉している。中から外へ出るときは、あの小さい穴だけ。堀口さんはそれが嫌だった。だから堀口さんの茶室や利休について書いた文を読むと、自閉した空間

堀口捨己が設計した八勝館御幸の間(1950年、38ページ)。細い柱で高く持ち上げられた構成は桂離宮を思い起こさせる

堀口捨己が戦前に設計した岡田邸(1933年)。庭に面した木造の和室と鉄筋コンクリート造陸屋根の諸室が連続する

堀口捨己が設計した常滑市立陶芸研究所(1961年、現・とこなめ陶の森陶芸研究所、174ページ)。外壁全体が紫色のタイル張り

だということは一切触れていない。
磯｜触れてないんですか。
藤｜触れていない。丁寧に避けている(笑)。彼は、利休の茶室のインテリアにはすごく感動したようなんだけど、にじり口は嫌いだった。彼にとっては桂離宮の月見台が、外と中をつなぐ一番上手なつなぎ方だったんだと思いますね。それを大規模にやったのが八勝館。でかいですよ、あの月見台。
磯｜付いてますね。
藤｜大変だと思うけどね、あれを管理するのは。
――常滑の陶芸研究所(1961年、174ページ)のような、堀口捨己のモダニズムの建築はどう思われますか。

藤｜あれは見たことがなくてね。見ない方がいいんじゃないかな、と思ってきた(笑)。
磯｜見た方がいいですよ。あれは素晴らしいと僕は思っています。
――意見が分かれますね(笑)。
藤｜堀口さんのああいうモダンなのはどうかなあ。明治大学(和泉キャンパス、1960年)は堀口さんにとって自信作だったらしいんだけど、僕はそれがショックだった。これで自信を持てるのかと……。私としては堀口捨己のモダンっぽいものは、戦前のものはいいけど、戦後のものはあまりよくないと思うな。
磯｜僕は常滑に衝撃を受けました。あれは常滑が焼き物の産地だから外壁がタイル張りなんですけど、小口が紫色のタイルを使っているんですよ。堀口捨己の建築はモノクロ写真でしか見ていないので、そういうイメージで現地に行ったら、その色のつややかさ、色っぽさみたいなところにびっくりしました。
藤｜ウィーンセセッション(分離派)の人ですからね、クリムト(画家、1862-1918年)の人ですよ、今で言えば。
磯｜確かに。色の中に何か金ピカなものがぱっと光るように見えます。
藤｜まさにクリムトだね。そう言われると、見たいね。じゃあ、今度行ってみよう。
磯｜ぜひ。

04｜前川國男──
使命感が生んだ「重さ」

●戦後建築この10人●
04
前川國男
Kunio Maekawa
1905(明治38)年－1986(昭和61)年

復興期の公共建築をリード
東京帝国大学を卒業するとシベリア鉄道経由でパリへ向かい、ル・コルビュジエのアトリエで働く。帰国後、レーモンドの事務所勤務を経て自らの設計事務所を設立。神奈川県立図書館・音楽堂をはじめとして、全国各地で公共文化施設や庁舎を設計した。当初は装飾を排したコンクリート打ち放しの仕上げを好んだが、雨の多い日本の気候風土では長い年月の経過に耐えられないと悟り、1960年代の途中からはタイルで覆うスタイルへと変わる。日本建築家協会の会長やUIA(国際建築家連合)の副会長も務め、建築家の職能向上にも積極的に関わった。

──堀口捨己の次は誰にしましょうか。
磯｜前川國男は外せないでしょう。
藤｜外せないね。
──前川國男は1905年生まれで、谷口吉郎の1つ下です。まずは、磯さんから前川國男推薦の弁を。
磯｜日本の戦後建築を築いていくうえで、「長男坊」みたいな役割を果たしたんだと思います。前川さんがまじめに建築をつくってくれたおかげで、その後の建築家はだいぶ楽になった。自由につくれるようになった。
──藤森先生はどうですか。
藤｜僕にとっての前川さんは、レーモンドと丹下さんの真ん中でちょっとぼけるんだよね。華やぎがないというか……。誠実な人だとは思うけれど。前川さんの建築で一番魅力を感じるのは、前川邸(1942年)ですね。
──江戸東京たてもの園(東京都小金井市)にあるやつですか。木造住宅ですよね。
藤｜私だけがそう思っているのではなくて、前川さんファンだった大谷幸夫さん(1924−2013年)もそう言ってました。

前川國男邸(1942年)。太平洋戦争の最中に、東京・目黒に建てられた。現在は東京都小金井市の「江戸東京たてもの園」に移築展示されている(書籍「プレモダン建築巡礼」に掲載)

──大谷幸夫は前川國男ファンだったんですか。
藤｜大谷さんは東大の丹下研究室を出た後、前川事務所へ行きたかったんだけど、何かの事情で行けなくて丹下さんのところへ残ることになった。これは、その大谷さんが話してくれたエピソードなんだけど、前川邸の保存のとき、大谷さんが前川さんのところに行って「先生の最高傑作だからぜひ残してください」と言ったら、本気で前川さんが怒ったらしい。「これが俺の傑作か」と(笑)。戦時下のローコスト住宅だからね。
磯｜嫌みと受け取ったんですかね。
藤｜そう。あれを移築したときに僕と大谷さんと大高正人さん(1923–2010年)と3人で話したんですよ。そのとき、2人とも、「前川さんの最高傑作だ」って言ってた(笑)。
──愛弟子の大高正人も絶賛ですか。
藤｜前川さんのコンクリートの建築には、どうしても独特の重たさがある。木造だと、その重たさが構造的、材料的に減る。前川邸は木造としては相当重たいけれど、結果的にいいバランスになってる。
磯｜確かに。
藤｜空間の軽やかさと、しっかりした骨組みを感じることができて、だからあれは名作だと僕は思うし、あれを名作でないという人はあまりいないんじゃない?
磯｜非常に気持ちがいいですね。
藤｜前川さんの独特のあの重さってどこから来るんだろうね。
磯｜日本のちゃんとした建築をつくらなくちゃいけないという使命感を持ち続けていたからですかね。だから僕は、前川さんが戦前・戦中のような木造をずっとやり続けていたらどうなっただろうと考えてしまいます。すごくいいものをつくったのではないかと。
──戦後はあまり木造のものを設計してないですね。
藤｜ほとんどないでしょう。前川さんは、自邸も雑誌

「前川(國男)さんは、時代のシンボルをつくろうと思っていた」と藤森氏

前川國男が設計した神奈川県立図書館・音楽堂(1954年、62ページ)。右が音楽堂で、左奥が図書館。築60年以上たつがいずれも現役

には発表しなかった。前川さんだけじゃなくて、丹下さんも住宅を発表する気がなかったというのは面白いですよ。さっき言われたように、「時代を背負っていく」覚悟だったからでしょうね。

磯｜「建築家はかくあるべし」というところをやらないといけないと。

藤｜そう。前川さんの場合は、「自分がやるべきは、時代のシンボルをつくることだ」と考えた。丹下さんは明快に「国家のシンボル」をつくるということを考えていたけれど、前川さんは、そこまで国家を意識したかどうかは分からない。でも、「時代のシンボル」はつくろうと思っていた。

── 磯さんは、戦後の前川建築を1つ挙げるとしたら何ですか。

磯｜横浜の神奈川県立図書館(1954年、62ページ)ですね。

藤｜音楽堂ではなく、図書館の方？ 渋いね(笑)。

磯｜あそこの閲覧室は北側からガラスを通して光が入ってきて、空間として素晴らしい。

── あの図書館は重々しくないですね。

藤｜国会図書館はそれとは対照的に重いけどね。

磯｜そうですね。国の施設だからか、あれはもうガチガチですね。

──「国家のシンボル」を目指した丹下健三と「時代のシンボル」を目指した前川國男の違いは、どんなところに表れていると思いますか。

藤｜例えば前川さんと丹下さんが競うコンペがあるでしょう。提案の文章を読むと、丹下さんはピロティを提案するときに「社会的スケール」と言う。群衆が埋めたときのスケールでつくる。前川さんはそうじゃなくて、ヒューマンスケールでつくる。だから祝祭性が乏しい。ワーッという感じがない。丹下さんは、例えば広島平和記念資料館(1952年、58ページ)を見ても、上に比べて下のピロティがやけに大きい(笑)。

磯｜前川さんは人間に対する親しみとか信頼感みたいなものを根底に持っていた。それに対して、丹下さんは人間一人ひとりじゃなくて、「マス」という捉え方に見えますね。

05 | 坂倉準三 ――
「縦の動き」はコルビュジエをしのぐ

磯 | 同じコルビュジエのところに行った建築家でも、坂倉準三は丹下さんと同じようにマスを相手にできる人だったと思います。だから、駅前の開発とかそういうものがすごく得意になった。

戦後建築この10人
05
坂倉準三
Junzo Sakakura

1901(明治34)年－1969(昭和44)年

都市計画もコルビュジエ譲り
東京帝国大学の文学部美術史学科を卒業して渡仏。ル・コルビュジエの下で最も長く働いた日本人である。フランスではパリ万博の日本館を設計し、若くして国際的な評価も得た。帰国すると、神奈川県立近代美術館や東京日仏学院などを設計して、戦後のモダニズム隆盛をけん引。また渋谷、新宿、難波などの鉄道駅周辺や呉市、上野市の行政中心エリアなど、大規模な都市デザインにも多く携わっている。これにはル・コルビュジエの下で取り組んだアルジェなどの都市計画の経験が生きている。没後も弟子たちが事務所を受け継ぎ、優れた建築をつくり続けている。

――では、次は坂倉準三でいいですか。坂倉準三は1901年生まれです。

藤 | 坂倉さんはやっぱりカマキン(鎌倉市の神奈川県立近代美術館、1951年、44ページ)でしょうね。あの建物は私にとって謎の多い建物なんだけど、謎の1つは、なぜ最初に階段なのかです。いきなり最初からガッと階段で上げる施設は珍しいですよ。

坂倉さんは上がるのが好きですよね。彼が世界的にデビューしたパリ万博の日本館(1937年)も斜路(スロープ)の建築です。斜路が好きというより、縦の動きが好きだったというのが正確かな。

モダニズムにとって、縦の動きは難題だった。バウハウス系の人たちは結局、全部エレベーターにし

坂倉準三が設計した鎌倉市の神奈川県立近代美術館(1951年、44ページ)。美術館時代は「カマキン」の愛称で親しまれた。2016年に閉館。2019年6月に「鎌倉文華館 鶴岡ミュージアム」としてオープンした

坂倉準三が設計したパリ万博の日本館(1937年)。パビリオンのコンテストで優秀作に選ばれた

ちゃうんだよ。ミース・ファン・デル・ローエ(1886-1969年)がその典型。コルビュジエはモダニストの中では縦の動きが好きな数少ない人だった。

縦の動きというのは、従来、階段しかなかったわけです。だけど、コルビュジエは階段が嫌なわけ。階段をつくったら、オペラ座に負けるじゃないですか。オペラ座はコルビュジエにとって仮想敵ですから。何度か行って、あの階段を味わったでしょう。あんな階段に勝てっこない。それで、斜路を階段の代わりにやったんだと思います。あれ、何の話だっけ(笑)。

── 坂倉準三の斜路好きの話です。

藤｜そうそう。坂倉さんはコルビュジエと違って、斜路も階段もどっちもありだったんだね。

── 東京日仏学院(1951年、50ページ)の階段室も非常に美しいものでした。

藤｜そうだね。階段がうまい。

磯｜先ほどのカマキンのアプローチの話ですが、階段以外にも不思議なところがあって、階段に向かう石畳が正面に対して微妙に斜めの線になってるんです。丹下健三だったら絶対に階段に向けてまっすぐのアプローチにするはずなんですけどね。

── そもそもなぜメインの階段を鶴岡八幡宮の参道でない側にしたのかも不思議です。

藤｜そうだね、普通は参道側からアプローチするよね。

磯｜参道とは全く別に入り口をつくらないと、モダニズム建築としての主体性がなくなっちゃうと思ったんじゃないかな。

坂倉準三が設計した東京日仏学院(1951年、現・アンスティチュ・フランセ東京、50ページ)の階段室

磯氏。「モダニズムの建築デザインを日常的な体験にしたという意味では、坂倉準三の右に出る者はいない」

――磯さんは、坂倉準三をどのように捉えていますか。

磯｜坂倉準三は、都市をどうつくるかというところを一生懸命やってくれた人だと思っていて、渋谷の駅の施設を延々と増築する形でつくっていくとか、そういったところが戦後をけん引した建築家の中でも特徴があるんじゃないかと思います。

――そのあたりに建築家としての意義もある、と。

磯｜渋谷だけでなく、新宿や難波の駅もそうですね。そこをものすごい数の人々が、毎日のように通っていたわけですよ。誰が設計したのかも知らないままに。モダニズムの建築デザインを日常的な体験にしたという意味では、坂倉の右に出る者はいないと言えるかもしれません。

06｜アントニン・レーモンド――コルビュジエの発信力に泣く

――これまで挙がった建築家の生年を見るとレーモンドが飛ばされていますが、レーモンドは入れなくてよかったですか。

藤｜いやいや、レーモンドは入れないとね。レーモンドは前川さんの少し上くらい？

――いえ、レーモンドは1888年生まれで、前川國男よりも17歳上です。村野藤吾の3つ上ですね。

藤｜あ、そう。村野藤吾よりも上なんだ。

――すごく古い時代の人なんですね。そんな感じはしないですけれど。

アントニン・レーモンドが設計した軽井沢聖パウロカトリック教会（1935年）。小規模ながら繊細さが心を打つレーモンドらしい木造建築（書籍『プレモダン建築巡礼』に掲載）

藤｜しないね。
磯｜戦前も戦後もずっと活躍していましたからね。
藤｜レーモンドは、愚作のない人ですね。相当ローコストでもちゃんと見せ場がある。
磯｜小さな教会もかっこよくつくります。
──レーモンド自身は世界を意識していたと思うのですが、「世界のレーモンド」と呼ばれるようになっていないのはどうしてなんでしょうか。
藤｜当時の日本の建築家の不幸は、ジャーナリズム上で海外と付き合いがなかったことです。向こうでちゃんと知られていたらかなり評価された人だと思います。コルビュジエの向こうを張っていた部分もありますから。
──コルビュジエの向こうを張っていたというのは。

藤｜例えば、さっき話に出た斜路は、コルビュジエよりレーモンドの方が少し早い。レーモンドがコルビュジエに「俺の方が早い」と言ったことは3つあって、1つは斜路。もう1つは打ち放し。打ち放しはレーモンドの方が5年ぐらい早い。そしてもう1つ、レーモンドは「カーテンウオールも俺が早い」と言っているんだけど、これは世界的に言うともっと前の時代から始まっている。それは単なるレーモンドの知識

●戦後建築この10人●
06
アントニン・レーモンド
Antonin Raymond

1888(明治21)年－1976(昭和51)年

コンクリート打ち放しの構造美
チェコ生まれ。パリのオーギュスト・ペレ事務所を経て米国に渡り、フランク・ロイド・ライトに出会う。帝国ホテルの設計監理者として来日するが、完成前にライトの下を去り、日本で設計事務所を開設。東京女子大学、星薬科大学などを設計する。太平洋戦争の開戦で米国へ帰るが、終戦後に再来日。群馬音楽センターや聖アンセルモ教会など、コンクリート打ち放しの構造美を見せた建築を設計する。その一方で、木造の屋根架構を現した小規模な教会も多く手掛けた。事務所からは前川國男、吉村順三、増沢洵ら、日本の戦後建築界を担った建築家が巣立った。

アントニン・レーモンドが設計した東京女子大学礼拝堂・講堂(1938年)の礼拝堂内部。レース編みのようなコンクリートブロックの外壁から光が差し込む(書籍「プレモダン建築巡礼」に掲載)

アントニン・レーモンドが設計した群馬音楽センター(1961年、162ページ)の外観と内部。
鉄筋コンクリート造の折板構造を内外ともそのまま意匠としている

のなさ。打ち放しと斜路はレーモンドがコルビュジエに勝っていたんですよ。

　レーモンドが最初にやった打ち放しは自邸(1924年)です。彼はその自邸の小さな冊子をつくる。その冊子はクローデル(フランスの作家)に解説を書かせて、フランス語で出した。日本に向けて出したわけじゃなく、コルビュジエに当てたんです。

──そんなに世界を意識していたんですか。

藤｜特に、レーモンドはディテールをきっちりやった。レーモンドのディテール集は英語で出ています。世界のモダニズムの最初のディテール集ですよ。コルビュジエは、ディテールについてはあまり考えていなかった。

──では、レーモンドは当時、世界でもそれなりに評価されていたわけですか。

藤｜いや、全体的評価としてはコルビュジエのまねみたいに思われてしまったんだろうね。

磯｜最近は「ブルータリズム」(打ち放しコンクリートをそのまま表したような荒々しいデザインのモダニズム)が再評価されつつあって、その中では群馬音楽センター(1961年、162ページ)がすごく大きくフィーチャーされて紹介されたりしているので、レーモンドの評価もこれから世界的に高くなるかもしれない。

※後編は270ページに掲載。

1 復興期

1945—1955

太平洋戦争によって焼け野原と化した日本の都市。
そこからの復興が、戦後の建築界にとって
まず取り組まなければならない課題だった。
建築家たちは戦災復興計画に参画し、
住宅不足の解消にさまざまな提案を行った。
そして次第に美術館や音楽堂といった文化施設、
店舗やホテルなど商業施設の設計にもあたるようになっていく。
さらには平和への祈りを込めたモニュメントの設計にも関わる。
敗戦の直後で資金や資材は乏しかったが、
新しい民主的な社会は新しい建築づくりによって築かれる。
そんな希望と自負を持って、建築家たちは奮闘した。

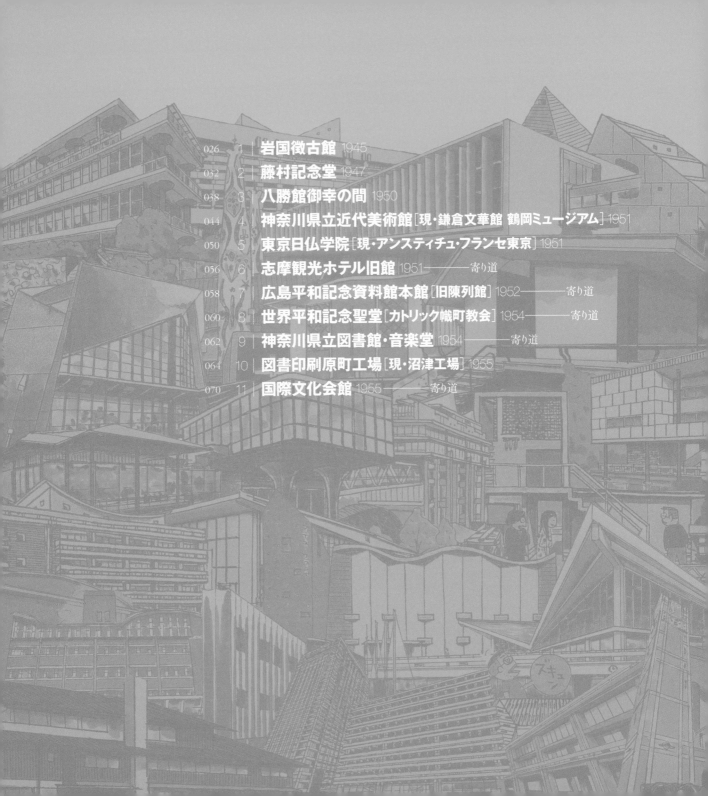

026	1	岩国徴古館 1945
032	2	藤村記念堂 1947
038	3	八勝館御幸の間 1950
044	4	神奈川県立近代美術館［現・鎌倉文華館 鶴岡ミュージアム］1951
050	5	東京日仏学院［現・アンスティチュ・フランセ東京］1951
056	6	志摩観光ホテル旧館 1951————寄り道
058	7	広島平和記念資料館本館［旧陳列館］1952————寄り道
060	8	世界平和記念聖堂［カトリック幟町教会］1954————寄り道
062	9	神奈川県立図書館・音楽堂 1954————寄り道
064	10	図書印刷原町工場［現・沼津工場］1955
070	11	国際文化会館 1955————寄り道

1945

●昭和20年●

戦時下のファンタジー

岩国徴古館

所在地：山口県岩国市横山2-7-19｜交通：JR新岩国駅から岩国バスで錦帯橋下車、徒歩10分
構造：レンガ壁造｜階数：地上2階｜延べ面積：692m²
初出：2005年6月27日号

佐藤武夫

山口県

岩国徴古館の竣工は1945年。太平洋戦争の最中、それも戦局が極まったとんでもない非常時にこの建物は完成した。

当時は戦争のため、材料の統制があった。建築にまわす材料はない、ということで、ここでは溶鉱炉で出る廃材をリサイクルした鉱滓ブロックなどを使っている。鉄筋の代わりに竹を使った竹筋コンクリート造という説も流布しているが、その証拠は出ていない。鉄筋をほとんど使わない無筋に近いコンクリートという説がどうやら有力だ。

建築なんてありえない状況で建てられたのに、この堂々たる建築っぷりはどうだろう。

設計者は、早稲田大学で佐藤功一の下、大隈講堂（1927年）の設計にも携わった佐藤武夫。名古屋生まれだが、仙台、京都、旭川と転々とした後、ここ岩国に来て岩国中学校を卒業する。それが縁となって、岩国藩主だった吉川家による郷土資料館の設計を引き受けることとなった。そうしてできたのがこの建物というわけだ。

「おはん」の町で学ぶ

岩国の町を歩いていると、鮮やかなペイントを施したバスに出くわす。その一つが、人気漫画のキャラクター、島耕作が車体に大きく描かれたもの。作

者の弘兼憲史が岩国出身なのである。もう一つが「おはんバス」で、こちらも小説『おはん』の作者、宇野千代が岩国の出身だったことから実現している。バスの車内ではその業績が解説されている。

宇野は小説の執筆のみならず、雑誌出版や着物デザインの分野でも活躍した才女だった。今東光、尾崎士郎、東郷青児、北原武夫ら、作家や芸術家との華麗な恋愛遍歴でも知られ、そのエピソードは自伝『生きて行く私』（角川文庫）に書かれている。

この本には佐藤武夫も登場する。終戦後、出版した女性向けファッション雑誌が大当たりして、自邸を銀座に建てようという場面である。

「金はいくらかかっても宜かった。その頃、一流の建築士と言われていた、佐藤武夫のデザインで、当時の金で、坪当たり二十五万円と言うことであった。こんなに金をかけた家は、日本中にないと言われた」

佐藤武夫は宇野とは2歳違いの年下だが、宇野は岩国高等女学校を卒業して1年で岩国を出てしまうので、2人が学生のころからの知り合いという線は薄い。おそらく岩国の関係者が紹介して設計を頼んだのだろう。ちなみに、佐藤とのラブロマンスについては記されていない。残念ながら。

さて、徴古館の話に戻ろう。左右対称の構成で列柱を正面に配した外観は、新古典主義ともいわ

Japanese Modern Architecture 1945-64　　　　No.01

A 列柱が並ぶ建物正面｜**B** 壁は溶鉱炉のカスをセメントで固めた鉱滓ブロックが使われている｜**C** さりげなく巧みなディテールを見せる木製の階段｜**D** 2階の資料室。ここの壁にはレンガ積みが現れている｜**E** 背面の壁。四角い穴を通して第二展示室に光が入る｜**F** エントランスホールの柱も下が膨らんでいる｜**G** 第二展示室の内部。天井からも自然光が入り込む

れるが、ストレートに言い切るなら、まず想起するのはファシズムの建築様式だろう。宇部市には村野藤吾が設計した渡辺翁記念会館（1937年）があって、建物の前に独立列柱が並ぶ外観や、鷲と十字を組み合わせた紋章めいた細部の図像は、明らかにナチス・ドイツのデザインを参照している。山口県は、実はファシズム様式の宝庫なのだ。

ファシズムは芸術と政治の統合を志向していた。当時の佐藤もそれに共感を表明している。彼が書いた「文化機能の翼賛態勢」「建築芸術と政治性－ナチ独逸の建築政策の理解－」といった文章からは、建築が政治と一体となって重要な役割を果たしているドイツ、イタリアへの憧憬と、全く建築の重要性が認められていない日本へのいらだちがうかがえる。

そんな思いをぶつけたのが、徴古館の設計だったのだ。

夢の中のファシズム

しかし、徴古館を訪れて、政治的なプロパガンダを感じることはまず不可能だ。花畑に囲まれたこの小さな建物が、大衆を先導する力を持ったとはとても思えない。むしろ伝わってくるのは、なにか夢の中にいるような雰囲気だ。

もともとナチズムやファシズムには建築に対する強い理想化があった。その様式をヨーロッパからはるかに離れた極東の古い田舎町でやるということは、二重の理想化を施すことになる。だからここでのファシズムは皮肉にもファンタジーを帯びたものになっているのだろう。

中に入ると、そんな印象がさらに高まる。第一展示室では白いアーチが柔らかな曲線を描きながら空間を横切り、第二展示室では天井からの自然光が柔らかく室内を満たしている。こんなところに居ると、ひょっこりと天使にでも出くわしそうな感じすらする。

徴古館が完成して間もなく、近くの広島に原子爆弾が投下され、戦争は終わる。そして岩国は、米軍が駐留する基地の町となる。

佐藤武夫はその後、徴古館のすぐ近くに架かる錦帯橋の復元（1953年）にも関わったほか、現在の佐藤総合計画となる設計事務所を率いて、旭川市庁舎（1958年）、北海道開拓記念館（1970年）など数多くの公共建築を設計し、73歳で没する。「私なんだか死なないような気がするんですよ」の名言を遺した宇野千代も98歳で亡くなった。人は死に、政治体制は替わり、それを支えていた思想は空洞化するが、つくられたものは残っていく。『生きて行く私』ならぬ「生きて行く形」、それが建築。

岩国徴古館はまだ61歳である（2005年時点）。

▼ 第一展示室

しかし、展示室に入ると印象はガラリと変わる。まっ白なアーチと末広がりの柱で構成された展示室は、大胆かつ繊細。展示物は古いが、空間は今見ても新鮮。

正直言って、正面(西側)から見た印象はいまひとつ。列柱が並ぶ玄関まわりは古典主義的で、モダンとはほど遠い。瓦屋根を頂く全体のシルエットは軍国主義的な雰囲気すら漂う。

やっぱりやめておけば良かったか…と後悔が一瞬よぎる。

佐藤 武夫 (1899〜1972)

佐藤エ九の下で大隈講堂(1927年)を設計。岩国徴古館は実質デビュー作。現・佐藤総合計画の創設者。

末広がりの柱は、よく見ると片側の面が「く」の字になっている。いかしてるゥ!!

| 復興期 1945–1955 | 葛藤期 1956–1960 | 飛躍期 1961–1964 |

二つある展示室はいずれも開口部が多く、資料館としてはかなり明るい。▼第一展示室

トップライト

電気の乏しい時代だったから…というのが表向きの理由だろうが、本当はいろいろな光の採り入れ方を試してみたかったのだろう。

岩国徴古館は、"優等生"のフリをした"いたずらっ子"のような建築だった。

ちなみに、徴古館から5分ほどの所にある「錦帯橋」も必見。木造のアーチ橋は日本的で、文句なく美しい！

佐藤武夫は岩国市の顧問として、この橋の復元（1951年）にも参加した。

それが証拠に、南側の壁には、こんな市松模様のブリーズソレイユが…

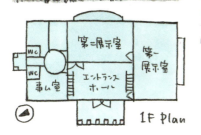

さらにすごいのは東側の開口部。

▶第三展示室

人気のない東側の壁には何とも形容のしがたい装飾が施されている

何だこれは

こっちが正面の方がかっこいいのに…

1F plan
第二展示室 / 第一展示室 / エントランスホール / 事務室 / WC

No.02

・昭和22年・
1947

動線としての建築

谷口吉郎

藤村記念堂

所在地：岐阜県中津川市馬籠 4256-1｜交通：JR中津川駅からバス、馬籠下車徒歩10分
構造：木造｜階数：地上1階｜延べ面積：59m²
初出：2016年9月8日号

2005年に始まった「建築巡礼」の連載は、取材対象をまずは戦後日本のモダニズム建築としてスタートし、高度経済成長後のポストモダン建築へと移行した。その後、時代を一気に遡り、古代から中世、近世、近代と順に追っていき、戦中期の建築（前川國男邸）でついに歴史が一巡。この回が戦後編2周目の始まりとなった。

取り上げたのは、谷口吉郎設計の藤村記念堂である。場所は旧中山道の馬籠宿。現在は岐阜県中津川市の一部となっている。

JR中津川駅からバスに乗る。道は途中から急な勾配に。これを歩いて行き来していたのだから、昔の人は大変だった。藤村記念堂が建てられた頃もバスはまだ運行しておらず、落成式に参加した高齢の文学者は、馬やカゴに乗って馬籠まで登ったらしい。

終点でバスを降りて、そこから先は徒歩で行く。すると坂道の両側に店が立ち並ぶ宿場町の景色となる。その途中に藤村記念館はある。

敷地はもともと馬籠の本陣があったところ。本陣とは大名や幕府役人の宿泊場所で、宿場で一番の有力者の居宅がそれにあたることが多い。島崎藤村はここで生まれて育ったが、本陣の建物は1895年の火災でほとんどが焼失してしまった。現在、残っているのは藤村が子どもの頃に父親から教育を受けたという隠遁所だけである。

敷地内には第二文庫（企画展示室）、第三文庫（常設展示室）などの建物が整備され、藤村に関連した事物を展示している。現在、日本各地にある文学館の先駆けとなった施設であり、その始まりとなったのが、戦後間もない1947年に竣工した記念堂の建物だ。

農民による自力建設

藤村記念堂を語るうえで欠かせないのが、その建設プロセスだ。この施設を建てたのは、地方自治体でもなければお金持ちの企業人でもない。馬籠の人たちが、藤村の没後ほどなくして、自分たちで何か記念の事業を行おうと考えて実現させたものなのである。

努力したのは地元民だけではない。生前の藤村と親しく、戦時中は馬籠に疎開していた文学者の菊池重三郎は、藤村の遺髪を故郷の馬籠に埋葬する式典に参列して以来、住まいのある神奈川県大磯から馬籠をたびたび訪れるようになり、そのうちに藤村記念館の建設事業の推進役となっていく。

ただし建設資金はどこにもない。この建物の建設工事は、馬籠の農民が無償で労働力を提供することにより行われた。瓦運びには小学生があたっ

A 旧中山道から冠木門を入ると藤村記念館の敷地｜**B** 冠木門を入るとすぐ前に立っている土塀。藤村の言葉が掲げられている｜**C** 土塀を右に向かうと記念堂の入り口がある｜**D** 記念堂の玄関。左奥の池から反射光を取り込む｜**E** 記念堂の内部。突き当たりに藤村の座像がある｜**F** 記念堂の最奥にある藤村座像（石井鶴三作）｜**G** 東側から見た外観。手前に池が設けられている｜**H** 記念館の敷地内にある本陣隠遁所。この建物の2階で、少年時代の藤村は勉強した

たという。

　菊池は著書『木曽馬籠』（小山書店新社、1958年）の中で、当時の気持ちを明かしている。「一文も無くては、手も足も出ないと思う者がいるかもわからないが、やれるところまで、やってみようではないか。その上で金が要る、援助してもらいたい、そこまでいったら、われわれのこの事業を応援し、援助の手をさしのべてくれる人が、必ず現れる」

　昨今の街おこし系プロジェクトでは、まず補助金に頼って事業を計画することも多いが、それとは真逆の進め方だったというわけだ。

「動線体」の建築

　藤村記念堂の建物をじっくりと見ていこう。街道に面して立つのは黒い板塀と豪壮な冠木門。門をくぐる視線を受け止めるのは、独立する白い土塀で、道から建物は見えない。門をくぐると、右手にようやく、記念堂の入り口だけが目に入る。

　吸い込まれるように入ると、両側を壁に挟まれた半屋外の空間で、左の壁には建物の由来を書いた額が掛かり、反対側の壁は下半分が抜けていて、池からの光が下から差す。

　正面の引き戸を抜けると、その向こうにはさらに細長い空間が続いている。左側は障子の間から庭が見え、右手にはベンチが置いてある。そして正面奥には小さな島崎藤村の座像。これが視線を受け止める対象となっている。

　そこにたどり着くと、空間はカギ形に折れ、外へと出てしまう。何も知らずに来た来場者は、「え、これだけ?」と思うことだろう。通路だけで、部屋がない。

　思い出したのは、建築家の青木淳が提唱した「動線体」である。青木は特定の機能を持った空間と、そこに至るまでの動線から成る建築ではなく、目的となる空間を持たずに動線だけで成り立っているような建築を想定し、潟博物館（1997年）などの設計でそれを試した。モダニズムの基となっている機能主義の考え方を批判したものだが、藤村記念堂は、そうしたモダニズムへの批判を先取りしていたようにも見える。

　モダニズムの建築は、戦後の日本社会に急速に広まっていくが、その始まりに位置するこの建物に、アンチ・モダニズムの考え方が潜んでいるところが興味深い。

| 復興期 1945–1955 | 葛藤期 1956–1960 | 飛躍期 1961–1964 |

記念堂は島崎藤村の生家である本陣屋敷跡に建てられた。屋敷は明治28年に焼失し、荒れた畑となっていた。以下、谷口の言葉を引用しながら特徴を説明しよう。（谷口の文章は分かりやすい）

冠木門をくぐると、「白壁の土蔵が連陸となって、すぐには奥の本陣が見えない」。左には梅の木があり、「来訪者の足は自然とその反対の右手に向く」。

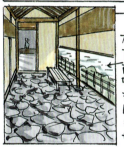

右に進むと、「壁の下部から、池の水面が見える」。「これは、古い用水池をその平常防火用水として用い」たもので、「庭園的な効果を得た」。

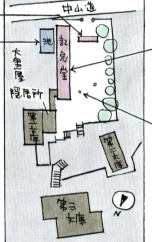

扉を開けると、「奥深い正面の壁に、石井鶴三氏作藤村の座像が安置されている」。

「その像に向かって室内のあらゆる水平線がパースペクチブに集中する」。

「畑の中からは、焼けた土台石も出て、それが庭石のように、この砂地に静かな風情を添えた」。
「来訪者は再び"ふるさと"の文字を心にとめて昔の中山道に出ていく」。

建物より「間」が主役 — その姿勢は現代にも

腰掛けから庭の景色を眺めると、谷口の葛藤が分かるような気がした。文豪の生家にふさわしい建築にしなければならないが、終戦直後で予算も資材もない。「一体どんな建築が適当であるか苦しんだ」と谷口も書いている。

普通ならば、敷地の中心に小さな建物を建てたくなるところ。だが、谷口は「焼け跡をそのまま残すことが、かえって記念となるのではなかろうか」という結論に至った。主役を建物ではなく「間」に据えたのだ。まん中にチープな建物を建てていたら、絶対に70年も残らなかっただろう。

京都国立博物館 平成知新館（2014開館）

「間」が主役。その姿勢は息子の谷口吉生にも受け継がれているように思える。

1950 ・昭和25年・

懐石料理とモダニズム
八勝館御幸の間

堀口捨己

所在地：名古屋市昭和区広路町石坂29｜交通：地下鉄八事駅から徒歩3分
構造：木造｜階数：地上1階
初出：2016年10月27日号

愛知県

大学を卒業して建築ジャーナリズムの業界に進んだ。以来、多くの名建築を見る機会を得てきたが、実物に接することが難しいタイプの建物がある。料亭もその一つだ。吉田五十八、村野藤吾、谷口吉郎など、名だたる建築家が手掛けているものの、しがないライターである身では、なかなか入れない。

しかし今回、名古屋を代表する料亭、八勝館を訪れることができた。実は昼食付きの見学会が期間限定で実施されていると知り、それに参加したのである。

八勝館がある八事は名古屋市南東の丘陵地。大規模なショッピングセンターが立地する典型的な郊外だが、かつては風光明媚な行楽地だった。ここにあった材木商の別荘を敷地ごと継承して、1925年に八勝館は始まっている。

国道から折れて少し入ったところの敷地には、和風の建物が渡り廊下でつながりながら散在している。このなかで、建築家の堀口捨己は、浴室（1953年、現存せず）、桜の間・菊の間（1958年）など、いくつかの部屋の設計を手掛けた。

そのなかで最初の作品が御幸の間だ。昭和天皇が1950年の愛知国体に合わせて名古屋を行幸する際、その宿泊所として増築されたものだ。この部屋には2泊したという。

芸術至上主義から合理主義へ

御幸の間は、16畳の主座敷と10畳の次の間からなり、その東と南には幅1間の入側を回している。中に入ると、ガラスを通して庭の景色がパノラマのように広がっていた。外側には月見台が出ていて、これは書院の丸い下地窓とともに、桂離宮にならったものとされる。

もともと堀口は、東京大学の在学中に同級生だった石本喜久治や山田守らと立ち上げた分離派建築会の主要メンバーだった。そこで「建築は芸術である」と訴えて名を上げた。

一方ではこれが「建築は工学である」との信念を抱く佐野利器らから反感を買うことにもなる。佐野は当時の建築界でボスだった。そのため堀口は官庁や大手財閥へ就職する道が閉ざされてしまう。設計の仕事がほとんどないときに堀口が打ち込んだのが、茶室など日本の古典建築の研究だった。その成果が御幸の間には採り入れられている。

堀口はなぜ茶室を高く評価したのか。彼が書いた「建築の非都市的なものについて」（1927年）には、茶室の美点として、限られた材料と単純な造形による表現であることが挙げられている。そして「最も実用的に整理工夫され、然も端然とした美しい

A 東側外観。細い柱で高く持ち上げられた構成は桂離宮を思い起こさせる｜**B** 入側から見る。薄い床が宙に浮いているように感じられる｜**C** 入側から眺めた広間全体。夏仕様なので、ふすまは外されていた｜**D** 庭に大きく突き出た月見台。先端部には竹を並べている｜**E** 截金の摺箔裂地を張った欄間｜**F** 書院の上部にある丸い下地窓は桂離宮の笑意軒の写しとされる

調和と変化とを示す充分にたかめられた建築の表現」として、茶室の水屋がたたえられたりもする。

芸術至上主義者として出発した堀口は、モダニズムの合理主義者に変わっていた。その立場から茶室を捉えたのである。

北 大 路 魯 山 人 と の 関 係

ところで、八勝館を語るうえで、堀口とともに欠かせない芸術家がいる。北大路魯山人だ。「星岡茶寮」など、会員制の高級料理店を経営するとともに、陶芸や書など幅広い分野で活躍した人物だ。

魯山人は自作の器を八勝館へ大量に納めていた。そして魯山人本人も定期的に八勝館を訪れ、泊まっていたという。料理で意に沿わないことがあると、板場の担当者を呼んで指導したりもしたようだ。

八勝館と魯山人の交流は、1930年代初めから、魯山人が亡くなる1959年まで続く。ということは、堀口捨己と魯山人が出会っていてもおかしくないのだが、そういう証言は見つけられなかった。2人が組んでいたら、どんなコラボレーションが実現していただろうか。

魯山人による料理についての文章をまとめた『春夏秋冬料理王国』(ちくま文庫ほか)を読むと、こんなことが書かれている。

「元来『料理』とは、理をはかるということなのだ。うまいものをこしらえることは、調節塩梅に合理が要る」(「料理の秘訣」)

「『まずいものを、なんとかしてうまく食う方法を教えてくれ』という注文が時々来るが、まずいものをうまくする……そんな秘法は絶対にない。(中略)しかし、うまそうにゴマ化す手はある。それは偽りの美味であって、本来の美味ではない」(「美味論語」)

これは合理主義を説き、装飾を否定して材料や構造をそのまま現すことを旨とした建築のモダニズムに通じるスタンスだ。つまり堀口が建築において行ったのと同様に、モダニズム的な視点で料理を捉え直したのが魯山人だったといえる。

魯山人は料理を高めていくうちに、料理を盛る器も自分でつくるようになった。堀口も、御幸の間に入るふすまの絵を横山大観に描いてもらう話を断り、自分でデザインしている。他人の作品が交じるのを納得できなかったのだ。

この2人、性格もどうやら似ている。でもだからこそ、ぶつかり合うことになった気もする。出会わなくて幸せだったのかもしれない。

堀口捨己という建築家ほど"振れ幅"が大きく、かつそれが魅力になっている建築家は珍しいのではないか？

1895〜1984

東京帝大卒業制作(1920)。「分離派」の活動で注目される。

平和記念東京博覧会、動力館・機械館(1921)。伊東忠太の推薦で設計した。

小出邸(1925)。洋室・和室のつながりが、モンドリアンの絵のよう。

戦前のプロジェクトはどれも描くのが楽しい！制約(様式)から解き放たれて、設計するのが楽しくて仕方がない、という伸び伸び感が伝わってくる。

紫烟荘(1926)。夢に出てきそうなキッチュな造形。素晴らしい！

吉川邸(1930)。除々にモダニズムにシフト。立面の割り付けが美しすぎる！

そして、戦後のリ・スタートを飾る1950年完成(堀口55歳)の建築が八勝館「御幸の間」だ。国体開催に際し、昭和天皇の御宿泊所として建てられた。

戦前の建物しか知らなかったとしたら、同じ人間の設計とは思えないであろう。研ぎ澄まされた数寄屋建築だ。

| 復興期 1945–1955 | 葛藤期 1956–1960 | 飛躍期 1961–1964 | | 043

室内に足を踏み入れると、その第一印象は「明るい」！どの資料を見ても桂離宮との類似性が指摘されているが、建築巡礼・古建築編で実際の桂離宮を見た印象と比べると圧倒的な明るさだ。それも当然で、取材時は夏仕様なので障子が一切なし。桂離宮と違って照明があるため奥までよく見える。

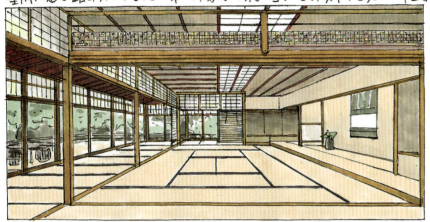

桂離宮は、部屋の奥が「闇」だ。

2方向に伸びる欄間（明かり障子の裏にも照明が仕込まれていて、これも明るさの一因だ。（当初から付いていたかは確認できず）

建具はもとから板ガラスがはまっていた。今は、真空ガラスに替えて断熱性を高めている。照明もLEDに更新中。

見た目は伝統和風だが、堀口が人工照明による"夜の見え方"を意識していたのは間違いない。それってモダニズム的？▶

戦後は日本の伝統に回帰した、と位置付けられることが多い堀口だが、本当にそうなのだろうか。この御陣の間、確かに美しいが堀口らしい伸び伸び感に欠ける。堀口は"吸収"のためにあえて正統な作法を徹底したのでは？と思えてならない…。

←いつかこれらも取材して、改めて堀口について語りたいなぁ。深いぞ、堀口！

044　Japanese Modern Architecture 1945-64　　　　　　　　　　　No.04

・昭和26年・
1951

モダニズムを支える石

坂倉準三建築研究所

神奈川県立近代美術館［現・鎌倉文華館 鶴岡ミュージアム］

所在地：神奈川県鎌倉市雪ノ下2-1-53 ｜ 交通：JR鎌倉駅から徒歩10分
構造：S造 ｜ 階数：地上2階 ｜ 延べ面積：1576m²
初出：2016年1月28日号

神奈川県

神奈川県立近代美術館の鎌倉館をリポートする。2016年1月31日で閉館となるからだ[1]。

最後の展覧会を見ようと、館にはたくさんの人が訪れていた。ここでは絵画、彫刻、陶芸など、様々なジャンルの展覧会が催されてきた。その節目を飾った重要な作品が会場には並んでいる。見応えたっぷりの展示だが、それらに増して来場者の目が向いているのは、建物自体であった。カメラを向けて細部を撮っている人がいる。ベンチに座り続けてじっと建物を眺めている人がいる。それぞれに、この美術館での思い出をかみしめているようだ。

坂倉準三の設計による建物は、アルミや繊維強化板といった新素材を駆使し、ピロティで2階の展示室を持ち上げた完全なるモダニズムのデザインだ。そのセンスの新しさに、当時の人は目を輝かせたに違いない。

建設された1951年といえば、日本はまだ戦後復興の道半ば。そんな時期に、ニューヨーク、パリに次いで、世界で3番目の近代美術館を神奈川県に建てたのだから、設計者もすごいが、発注した知事の内山岩太郎も偉い。ちなみに前川國男の初期代表作、神奈川県立図書館・音楽堂（1954年、62ページ参照）も内山による業績。戦後建築の発展は、こうしたクライアントがいてこそ始まったのだといえる。

美術館があるのは鶴岡八幡宮の境内。その借地契約の期間が満了し、敷地を返還することから、美術館としての歴史が65年で終わることとなったのである。とりあえず建物は残したままになるようだ。ただし、1966年に増築された新館と学芸員棟は取り壊しが決まっている。

鉄骨造を選んだ理由

戦後復興期に建てられた建築のなかで、この美術館で特筆すべきは、まず鉄骨造であるということ。設計者は指名コンペで決まったものだが、前川國男、谷口吉郎、吉村順三、山下寿郎による他の案はすべて鉄筋コンクリート造だったという。

坂倉が鉄骨造で提案したのは、パリ万博日本館（1937年）を鉄骨造で建設した経験があったからに違いない。そしてコンペの審査では、鉄骨造による乾式工法を採用することで建設費を低く抑えられるとの提案が高く評価されたとされる。

しかし当時の日本は、戦争期に激減した鉄鋼の生産量を、ようやく以前の水準に戻せたかどうかという状態。コンペと同じ年には朝鮮戦争が勃発して、鉄鋼価格が急騰している。少しでも計画の時期がずれていたら、この坂倉案は選ばれていなかったかもしれない。

[1]──2016年の閉館後、耐震改修を含むリニューアル工事を実施。19年6月に「鎌倉文華館 鶴岡ミュージアム」として開館した

A 西側正面｜**B** 鶴岡八幡宮の平家池越しに見た夏の風景（写真：細谷陽二郎、2009年夏撮影）｜**C** 正面階段を上がって左側が展示室への入り口｜**D** 中庭の中心にはイサム・ノグチの彫刻｜**E** 展示室の内部。展示ケースのガラス（右手前）は反射を防ぐために下向きに傾いている｜**F** 1階彫刻展示室の壁。大谷石の隙間から光が入る｜**G** 1階のテラスへと下りる階段。手すりが美麗

実現に当たって資材の確保には苦労したようで、松隈洋著『坂倉準三とはだれか』（2011年、王国社）には、担当した所員の証言として、使用されたI形鋼は新品ではなく古材だったことが明らかにされている。そんな苦労までして鉄骨造にしたのは、やはり鉄骨構造の繊細な美しさを見せたかったからだろう。

見せ場は、なんといっても池に面した1階テラスだ。鉄骨で支えられた2階部が頭上にせり出し、天井面には水面から反射した光がユラユラと幻想的な模様を描き出す。水の効果を存分に採り入れた空間演出だ。

見下ろすと、柱は池の中の自然石から立ち上がっている。そしてこの箇所は、建築界からの批判も招くことになった。実は、この柱は石を貫通して池の底にある基礎に達している。つまり、礎石は見せかけのものなのだ。機能主義を標榜するモダニズムの建築で、これはあるまじき行為だ。

ではなぜ坂倉は、あえて構造的に必要のない偽の礎石を置いたのか。

随所に日本建築の特徴が

この建物について、槇文彦が面白い指摘をしている。坂倉は神社の構成を意識したというのだ

（「空間を生きた。『神奈川県立近代美術館 鎌倉』の建築 1951-2016」2015年、建築資料研究社）。

そう言われて見直すと、入り口の階段は鶴岡八幡宮の本宮へ上がる大石段を思い出させるし、中庭の床は現在は黒い石が張られているが竣工時は白い玉砂利が敷かれていた。

そして正面の階段は、正面から見て中心にあるのではなく、左に少し寄っている。西欧に由来した様式建築が左右対称を重んじたのに対し、モダニズムは非対称を好む。一方で法隆寺の伽藍配置や出雲大社の本殿など、日本の伝統建築にも左右非対称のものがあり、それこそが日本建築の特質であると、建築史家の太田博太郎は記している。

坂倉の建築は、ヨーロッパで磨き上げられたモダニズムだが、その裏側には、日本の伝統的な美意識がある。そのことを坂倉は伝えたかったのではないか。つまり鉄骨柱を支える礎石は、モダニズムのトを支える伝統の象徴なのである。

048　Japanese Modern Architecture 1945-64　　　　　　　　　　　　　　　　　　　　　　No.04

建築は時代を映す鏡である―。

材料がない、予算が少ないは言い訳にはならない。そういう状況だからこそ生まれる傑作がある。

2016年1月末で閉館となる神奈川県立近代美術館を訪ね、そんなことを改めて感じた。

— 保存に向けて協議中の旧館 (1951)
— 解体が決定している新館 (1966)

この美術館はまだGHQ占領下の1951年、神奈川県が鎌倉・鶴岡八幡宮の敷地の一部を借りて建設した。戦後の公立美術館第1号である。

平家池　源氏池　至鎌倉駅↓

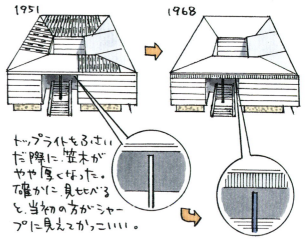

竣工当初とほとんど変わっていないように見えるが、当初は屋根にトップライトがぐるりとめぐっていた。

1951　→　1968

トップライトをふさいだ際に、笠木がやや厚くなった。確かに見比べると、当初の方がシャープに見えてかっこいい。

復興期 1945–1955 | 葛藤期 1956–1960 | 飛躍期 1961–1964 049

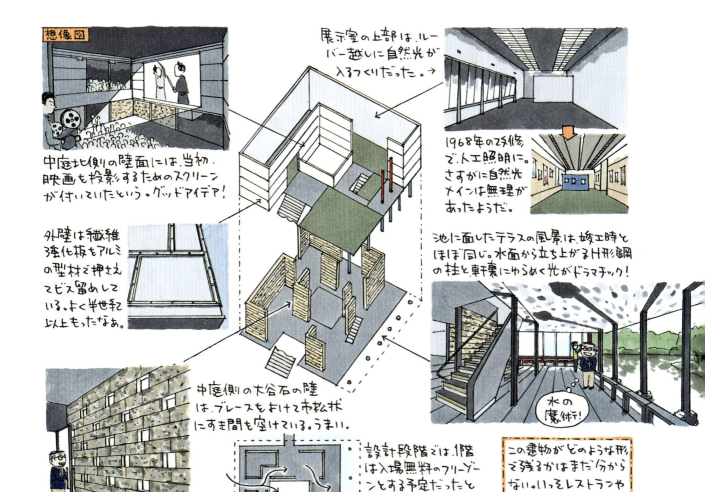

[2]──2019年6月にオープンした「鎌倉文華館 鶴岡ミュージアム」では、残念ながら1階は有料ゾーンとなっている。また、メインの入り口は東側1階に変わった

050　Japanese Modern Architecture 1945-64　No.05

・昭和26年・
1951
坂の上の水平スラブ

坂倉準三建築研究所

東京日仏学院 ［現・アンスティチュ・フランセ東京］

所在地：東京都新宿区市谷船河原町15｜交通：JR飯田橋駅から徒歩7分
構造：RC造｜階数：地下1階・地上3階｜延べ面積：1075m²
初出：2016年12月8日号

東京都

解体予定

フランス語を学べる学校であり、映画をはじめとしたフランスの文化芸術に触れられる施設として半世紀以上にわたり、親しまれてきた東京日仏学院。日本各地のフランス文化交流機関と統合され、それにともない現在はアンスティチュ・フランセ東京の名前に変わっている。

設計者は坂倉準三。建築巡礼の連載では、すでに同じく坂倉の設計による神奈川県立近代美術館（1951年、44ページ参照）を取り上げているが、ほぼ同じ時期に手掛けたのがこの建物だった。

場所は東京の飯田橋と市ケ谷の間。外堀を挟んで反対側には、かつて逓信省営繕課が手掛けた東京逓信病院（1938年）や、大江宏の設計による法政大学の校舎群（1953〜62年）があったので、モダニズムの名建築がこの辺りに集積していたことになる。

施設が完成した1951年の時点で出来上がっていたのが南側の棟で、この中には主に教室が並んでいる。北側には門形平面のホールが建てられる予定だったが実現せず、その場所には1961年に、現在のメディアテークなどが入っている細長い増築部が完成している。また、1990年代には、後にみかんぐみに加わるフランス人建築家、マニュエル・タルディッツによって改修が行われるなどして、現在に至る[1]。

ドミノ・システムとの共通性

建物の特徴は、梁が付かないスラブと、それを支える青いマッシュルーム・コラムだ。ガラスのカーテンウオールを取り去ってしまえば、テーブルを4段に積み重ねたような格好をしている。

参照したのは、坂倉の師であるル・コルビュジエのドミノ・システムではないだろうか。住宅の大量供給方式として考えられた、6本の細い柱と3枚のスラブからなる抽象的な建築のイメージは、目指すべきモデルとしてモダニズムの建築家たちに広く共有された。これが発表されたのは1914年。坂倉がパリでコルビュジエのアトリエに在籍したのは、1931年からの5年間だから、直接、関わっていたわけではない。しかし戦中から量産型の組み立て住宅に取り組んでいた坂倉のことだから、ドミノ・システムにも強い関心を向けていたはずだ。

地震国の日本で実現させるに当たって、細い角柱は太い円柱へと変わってしまったが、柱の位置を引っ込めて、スラブの端部を見せる手法はドミノ・システムと共通。坂倉は戦後の日本で建築をリスタートするときに、モダニズムの究極ともいえるこのやり方を、まずは試してみたかったのだろう。

ちなみに坂倉による組み立て住宅は、A字形

[1]——アンスティチュ・フランセ東京は2017年に校舎の建て替えを公表しており、間もなく工事着手の見込み

Japanese Modern Architecture 1945-64 No.05

A 円柱で支えられたバルコニーが重なる東端部の見上げ｜**B** 当初は住居部だった3階のバルコニー｜**C** 二重らせんになっている階段の最下部。下側はメイド用の動線だった｜**D** 柱を内側に隠しガラスの面だけで構成した南側立面｜**E** 2階、東端の教室。当初は図書室だった｜**F** らせん階段を見上げる。上部にはトップライト

の棟持ち柱を採用したもの。これは、パリのアトリエで坂倉と机を並べていたシャルロット・ペリアンが、建築家のジャン・プルーヴェらとともにデザインした「BCC住宅」によく似ている。坂倉が親しかったペリアンからの情報を得て、開発したものといわれている。坂倉はペリアンを日本に呼び寄せ、展覧会の開催にも協力するなど、長く交流を続けた。

坂道とスラブの対比

さて、坂倉準三はまず何よりも、「坂」の建築家だったのではないか。名前からの安易な連想だと思われるかもしれないが、そんな気がしてならない。

建築で坂といえば、スロープのこと。初期の代表作であるパリ万博日本館（1937年）や羽島市庁舎（1959年、134ページ参照）には、設計の重要なところにスロープが用いられているし、また晩年の都市デザインである新宿駅西口広場（1966年）の計画では、地下駐車場に下りていく優美ならせん状のスロープを実現させた。

元をたどれば言うまでもなく、これも行き着くのはコルビュジエの作品。ラ・ロッシュ邸、サヴォア邸といった住宅や、国立西洋美術館（146ページ参照）などのスロープがすぐに思い浮かぶ。これを率先して採り入れ、自らの手法にしたのが坂倉だった。

東京日仏学院にスロープはない。その理由は、敷地の隣に本当の坂があることだろう。坂を意識して、それとの対比を生み出すために、水平のスラブを強調した外観を採用したのである。その意味で、この建物もまた「坂」の建築といえる。

ちなみに建物の前を通る坂は、「逢坂」の名が付いている。これにはこんな由来があるとされる。

奈良時代に小野美佐吾という美男が、都から官吏として遣わされ、この近くに住む。そして「さねかづら」という名の美女と出会い、恋に落ちた。任期を終えた美佐吾は奈良へ帰ってしまうが、離れてもなお、2人は互いに思い続ける。そして美佐吾の死後、超自然的な力によって、この坂で再会する（横関英一『江戸の坂 東京の坂』ちくま学芸文庫、2010年）。

この伝説を、パリで出会って東京で再会を果たす、坂倉準三とシャルロット・ペリアンの物語に置き換えたくなるのだが、妄想にもほどがあるので、この辺で。

| 復興期 1945-1955 | 葛藤期 1956-1960 | 飛躍期 1961-1964 |

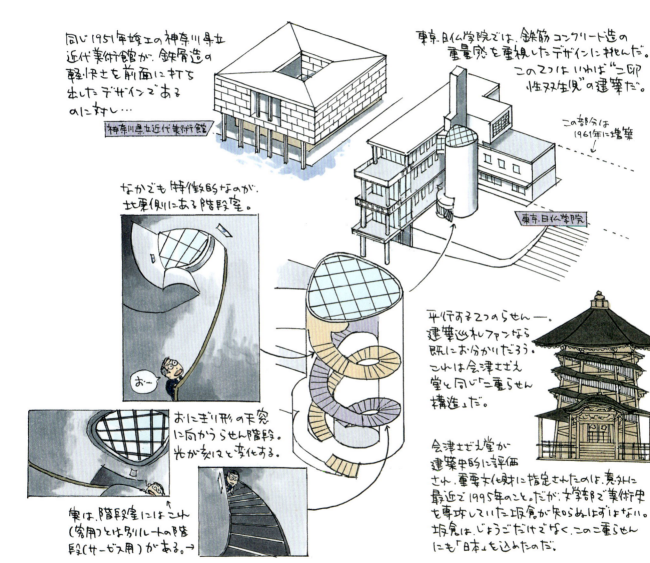

056　Japanese Modern Architecture 1945-64　　　　　　　　　　　　　　　　　　No.06

・昭和26年・
1951　寄り道

今なら最先端？民家風モダン　村野・森建築事務所

志摩観光ホテル旧館

所在地：三重県志摩市阿児町神明731｜交通：近鉄志摩線賢島駅から無料シャトルバスで2分
構造：RC造一部木造｜階数：地下1階・地上3階｜延べ面積：3059m²
初出：本書のための描き下ろし

──三重県

終戦からわずか6年後につくられたインバウンド（真珠の買い付けに来る外国人）向けホテル。民家風モダンという狙いが今っぽい

| 復興期 1945-1955 | 葛藤期 1956-1960 | 飛躍期 1961-1964 |

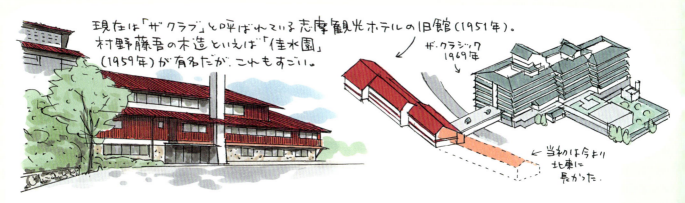

現在は「ザ・クラブ」と呼ばれている志摩観光ホテルの旧館(1951年)。村野藤吾の木造といえば「佳水園」(1959年)が有名だが、これもすごい。

ザ・クラシック 1969年

← 当初は今より北東に長かった。

村野藤吾の設計で1937年に完成した「叡山ホテル」の材料の一部を、戦時中の1943年「海軍将校倶楽部」(これも村野の設計)に活用。さらに戦後、その木材をこのホテルに使った。

見どころは2〜3階の吹き抜け。移築した古材と、新たに加えた板材が、それぞれを引き立て合う。民家風なのに現代的。吹き抜けに架け渡したこのブリッジ↓が視覚的変化を生む。

吹き抜けの吊り照明がカッコイイ！商品化できそうな完成度。

「自由すぎる…」

残念ながら、3階は見学不可。2階から見上げて想像して！

夕食は2階のカフェ&ワインバー「リアン」で食べました。至福！

・昭和27年・
1952 寄り道

軸線を強調するギャラリー

広島平和記念資料館本館[旧陳列館]

初出：本書のための描き下ろし
構造：RC造｜階数：地上2階｜延べ面積：2848m²
所在地：広島市中区中島町1-2｜交通：広島電鉄路面電車で袋町下車、徒歩10分

→広島県

丹下健三研究室

開館は1955年。2019年に免震化が完了。改修前は東館からブリッジで本館に入って階段で出る動線だったが、改修後は東館に戻る動線に

| 復興期 1945–1955 | 葛藤期 1956–1960 | 飛躍期 1961–1964 |

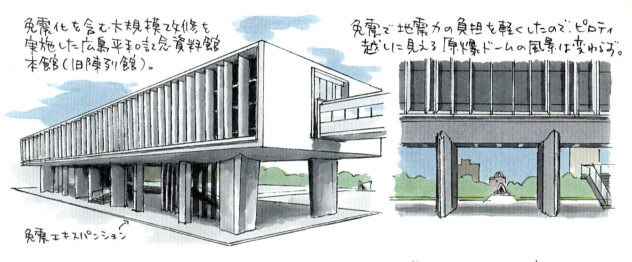

免震化を含む大規模改修を実施した広島平和記念資料館本館（旧陳列館）。

免震エキスパンション

免震で地震力の負担を軽くしたので、ピロティ越しに見える原爆ドームの風景は変わらず。

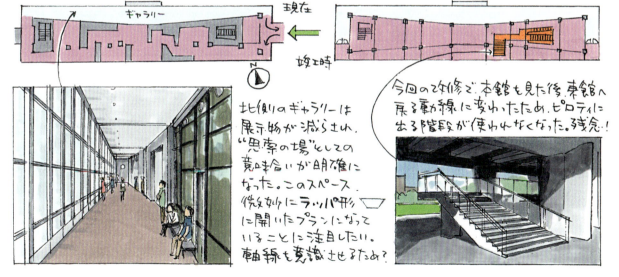

展示も見直されたが、展示を見た後に原爆ドーム側を目にする基本プランは当初と変わっていない。

ギャラリー　現在　←　竣工時

北側のギャラリーは展示物が減らされ、"思索の場"としての意味合いが明確になった。このスペース、徐々にラッパ形に開いたプランになっていることに注目したい。軸線を意識させるため？

今回の改修で、本館を見た後、東館へ戻る動線に変わったため、ピロティに出る階段が使われなくなった。残念！

060　Japanese Modern Architecture 1945-64　　　　No.08

・昭和29年・
1954
寄り道

らしくない "普通さ" の真意

世界平和記念聖堂［カトリック幟町教会］

初出：本書のための描き下ろし
構造：RC造・一部木造｜延べ面積：4500m²
所在地：広島市中区幟町4-42｜交通：JR広島駅から南西へ徒歩約10分

村野・森建築事務所

広島県

2006年、広島平和記念資料館とともに戦後建築初の国重要文化財に。村野にとっては宇部市渡辺翁記念会館（1937年）に次いで2つ目

世界平和記念聖堂は、村野藤吾の建築の中では極めて"普通"だ。その普通さが逆に、村野がこの建築に込めた思いについて、考えさせる。

外観は、露出したコンクリートの柱・梁と、積み上げられた中空レンガ。直線と円で構成され、村野独特の自由曲線は見当たらない。

内部は、古典的な三廊式。村野らしい曲面の壁やまろやかな天井を期待していくと、拍子抜けしてしまうだろう。

実は村野は当初、設計者ではなく、公開コンペの審査員の1人だった。審査はもめ、2位に丹下健三、3位に菊竹清訓や前川國男らが選ばれるも「1位該当者なし」に。なぜか村野が設計することになった。

はやりのル・コルビュジエ風のデザインにはできない―。村野は大いに悩んだに違いない。

解釈はいろいろあるけれど、「主役は広島の砂を使ったレンガだ」という答えだったのでは？ 3年に及んだ改修工事できれいになった外壁を見て、そう思った。

1954 昭和29年 寄り道

神奈川県立図書館・音楽堂
「重くない前川」の真骨頂

初出：本書のための描き下ろし
構造：RC造・一部S造｜階数：地下1階・地上3階｜延べ面積：5798m²
所在地：横浜市西区紅葉ケ丘9-2｜交通：JR桜木町駅から徒歩10分

前川國男

神奈川県

丹下健三や坂倉準三も指名されたコンペで前川國男が当選。「重くない」という点では、音楽堂のカラフルなテラゾーの床もインスタ映え！

| 復興期 1945-1955 | 葛藤期 1956-1960 | 飛躍期 1961-1964

前川國男の建築というと"重厚で堅牢"な空間を思い浮かべてしまう。だが神奈川県立図書館・音楽堂(いずれも1954年)は、そうしたイメージを気持ちよく裏切ってくれる建築だ。特に、図書館は、見た目とは異なり、内部が超開放的!

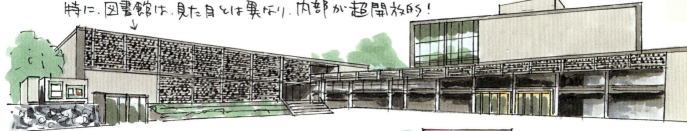

図書館の北側には吹き抜け(2層分)があり、上から下までガラス張りだ。屋外と一体化して、森の中にいるよう。

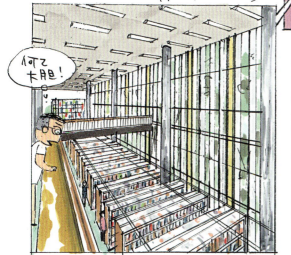

何て大胆!

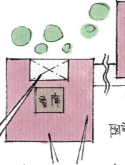

書庫

ホワイエ

音楽堂1F

図書館3F

書庫や南側の穴あきブロック部分は適度に光が抑えられ、落ち着いて本を読みたい人向け。

常時入れるわけではないが、音楽堂のホワイエも明るくて気持ちいい!

前川さん、なぜこの路線をもっと極めなかったのだろうか?

1955 ●昭和30年●

富士山を望んで

図書印刷原町工場［現・沼津工場］

丹下健三研究室

所在地：静岡県沼津市大塚15｜交通：JR原駅から徒歩20分
構造：S造｜階数：地下1階・地上1階｜延べ面積：約1万1660m²
初出：2017年1月12日号

静岡県

歌川広重による東海道五十三次のシリーズには、「川崎」「箱根」「由比」など、富士山が画面に現れているものがいくつかある。その中でも、最も大きく見えているのが「原」の絵で、画面からはみ出すように富士山が描かれている。

1955年、図書印刷の新工場が建設されたのは、富士山を眺める名所として知られたこの原町だった。現在は、沼津市に編入され、その一部となっている。

敷地は海のすぐ近く。南側には旧国道1号線を挟んで千本松原が広がり、北側にはJR東海道線が走る。かつては敷地内まで引き込み線もあった。

工場のオープンを記念してつくられたパンフレットには、完成直前に視察した小説家の志賀直哉による言葉が掲載されていた。その文章はこう結ばれている。

「日本の少年少女は大変な財産を獲得したわけだとも思った」

志賀がここで少年少女と書いたのは、2つの理由が考えられる。ひとつは、この工場で印刷を行う製品が主に学校で使われる教科書だったこと。そしてもうひとつは、この建物が子どもたちが成長して大人になる未来を先取りしたような先進的な技術を備えていたことだ。生産設備には、米国製の両面10色凸版印刷機など当時最新の機械を導入、そして建築にも様々な新しいアイデアが込められていた。

構 造 と 設 備 の 統 合

工場の設計はまず東京大学教授だった岸田日出刀に依頼され、そこからその教え子の丹下健三に任される形で進められた。雑誌の掲載記事では、岸田が顧問としてクレジットされている。前年に静岡県内の清水市庁舎（現存せず）を完成させたのと同じ体制で取り組んだことになる。

この工場の設計で丹下がもくろんだのは、ひとことで言い表すなら、構造と設備の統合だ。外周部には工場の大空間を支える太い柱は一切現れない。それを可能にしているのは、先端部が細くなった長さ80m超の鉄骨トラス梁で、キャンチレバーのように働いて大屋根を形づくっている。そしてその梁を支える十字形断面の鉄筋コンクリート柱が中央部に2列で並び、その間が通路として利用されるとともに、空調のダクトや電気の主ケーブルが通る設備の幹線経路となっている。印刷や製本の機械が配されるその両側には、枝のように管やダクトがさらに延びるという明快な方式だ。

この時代、構造と設備の統合というテーマに取り組んだのは、丹下だけではない。例えば、1969

A 中央の入り口。上部にはフレッシュエア取り入れ口グリルがある｜**B** 四隅に現れる鉄骨の独立柱｜**C** 西側に一部残るガラス壁部｜**D** 工場の中央を貫く通路の両側には十字形断面の柱が並ぶ｜**E** アネモ型吹き出し口が付いた円形断面のダクトが下がる｜**F** 壁の低い部分にはレンガが使われている｜**G** 丹下健三の設計で67年に増築された東工場の南面。三角形の梁先が7.2m間隔で並ぶ

年に原著が出版されたレイナー・バンハム『環境としての建築』(鹿島出版会SD選書)には、イタリアの建築家マルコ・ザヌーソによる、アルゼンチンのオリベッティ工場(1964年)が紹介されている。この建物では、円形断面の中空梁を架け渡し、その内側を空調のダクトとしても使った。コンクリート製の中空梁は、工場全体にわたって何本も架かっているので、空間の中心性を示す要素にはならない。

一方、図書印刷原町工場では、建物を貫く強烈な軸線が現れている。丹下はこの工場に、なぜそれを設けたのか。

東京から延びる道路の先

初めに触れたとおり、この工場が立つ原町からは富士山が間近に見える。敷地を訪れた丹下も、まず見ただろう。そこで思い出したのではないだろうか、戦時中に取り組んだコンペ案、大東亜建設忠霊神域計画(1942年)のことを。

この計画は、新しい首都と慰霊の場を富士山の麓につくるというもの。配置図を見ると、皇居がある東京から南西に延びた道路が、神奈川県の藤沢市辺りで右にカーブし、そこからは富士山を目指して真西へと進む。道路の途中には、政治経済中枢、文化中枢と名付けられた各ゾーンが設け

られ、さらに先の静岡県小山町の辺りには、神社建築をモダニズム化したような忠霊神域が配される。日本を象徴する富士山と国土計画を結び付けた提案は、国粋主義的ではあるが見事なもので、コンペの1等に選ばれている。

もう一度、配置図を見ると、東京から延びた道路は、忠霊神域から南に折れて沼津を目指し、そこからは海沿いを走る。まさにこの工場がある原町を通っているのだ。

つまり図書印刷原町工場は、大東亜建設忠霊神域計画で構想された富士山へと延びる軸線の延長にあるものとして考えられたのではないか。工場を貫く中央通路が、忠霊神域として想定した場所をほぼ向いていることがその証拠だ。

丹下は富士山をシンボルとして扱った大東亜建設忠霊神域計画で、建築界にデビューした。そして最晩年には、フジテレビ本社ビル(1996年)の設計を手掛ける。丹下の建築人生は、富士に始まり富士に終わった、ともいえる。その途中にあった重要作として、この工場を位置付けることも可能だろう。

近年の日本建築学会賞作品賞では、「工場」というビルディングタイプが賞をもらうことは、ほとんどなくなった。しかし戦後の復興期には、工場は建築家が力を入れるべき重要なテーマであったことが、受賞作を見ると分かる。

- ▶ 1954年(第6回)：図書印刷原町工場
- ▶ 1956年(第8回)：秩父セメント第2工場
- ▶ 1959年(第11回)：寿屋山崎工場

工場の定義を広げればこれも…

- ▶ 1957年(第9回)：国鉄川崎火力発電所

今回の巡礼地は、その先陣を切った工場建築のエポックであり、丹下健三の学会賞受賞作である図書印刷原町工場だ。

「これか…」

正直、現在の外観を見て「すご」という印象ではない。しかし、竣工時の外観を見れば、学会賞もしごく当然に思える。

当初

レンズ形断面の梁で支えた大屋根の下を、四周ともガラスカーテンウオールで覆っていた。何という大胆さ…。

「すごい厚さ…」
「力入れたなぁ」

資料を調べていて、当時の「新建築」(1955年3月号)の扱いにも驚かされた。この工場だけで40ページ近い誌面を割いている。まさにその時代の目玉プロジェクトだったのだろう。

復興期 1945-1955　|　葛藤期 1956-1960　|　飛躍期 1961-1964

外周が「壁」に変わったものの、建物の基本骨格は60年間、大きくは変わっていない。すごい。その最大の要因は、室内が巨大なワンルームだったこと。

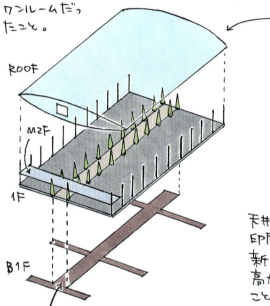

平面は約90m×約120m。梁の最大スパンは約40m。建設時には「お祭り広場」(大阪万博、1970年)をつくるかのような大工事だった。

梁は鉄道引き込み線を設けて輸送

建設風景

天井高は約9m。印刷機械が更新されても、天井高が足りなくなったことはないという。

当初
十字柱が天井にそそり立つ。

現在
設備類で天井はよく見えない。

60年間も機能更新に耐えられたのは、適切な天井高に加えて"神経系"のように設けられた地下階の存在が大きい。この空間があったことで、大掛かりな設備更新にも対応しやすかった。これこそメタボリズム？

実は、西側の一部にはガラスカーテンウオール時代のスチールサッシが残っている。→

図書印刷の皆さん、この部分も大事にして、いずれは「丹下健三の建築群」として世界遺産に。

その価値あり！

1955 寄り道 昭和30年

「ビッグ3」夢の共演

前川國男、坂倉準三、吉村順三

国際文化会館

所在地:東京都港区六本木5-11-16
交通:東京メトロ南北線麻布十番駅から徒歩8分、日比谷線六本木駅から徒歩10分
構造:RC造 | 階数:地下1階・地上3階 | 延べ面積:3360m²(竣工時)
初出:2008年「昭和モダン建築巡礼 東日本編」

※この回は、建築史家の五十嵐太郎氏、モデルのKIKIさんとともに、鼎談の会場である国際文化会館を見学した。
外観写真はKIKIさんの撮影

東京都

一時は解体の危機に瀕したが、大規模な改修を経て2006年にリニューアルオープン。改修設計は三菱地所設計[写真:KIKI]

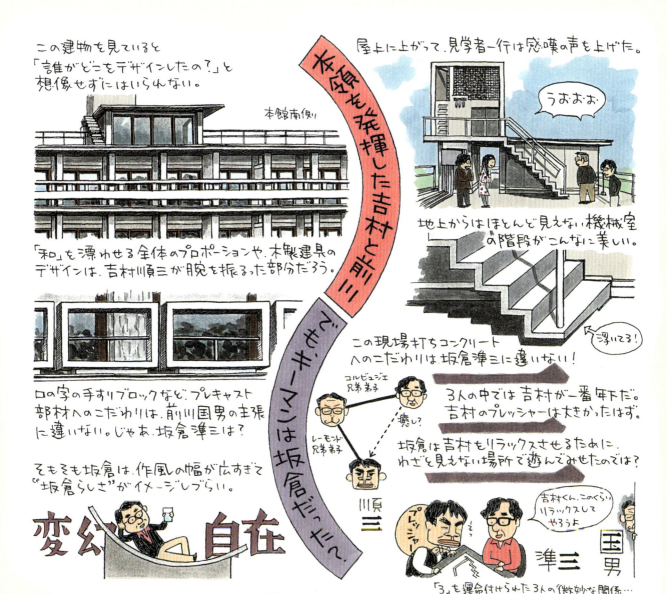

葛藤期

1956-1960

2

朝鮮戦争（1950〜53年）による特需を経て、
日本経済は急速な発展を遂げた。
1956年の経済白書では「もはや戦後ではない」との言葉が踊り、
いよいよ高度経済成長の時代へと突入していく。
建築界では民間の事務所ビルが大量に建てられるようになり、
また、市町村合併促進法を受けて全国で庁舎建設のブームも起こった。
建築技術の進歩も目覚ましく、
新しい材料や工法も次々と採用されていく。
建築家がその創造性を発揮できる状況が整うなかで沸き起こったのは、
日本建築の伝統と現代のモダニズムを
どのように統合するかという論争だった。

074	12	松井田町役場［松井田文化財資料室］1956	
080	13	秩父セメント第2工場［現・秩父太平洋セメント秩父工場］1956	
086	14	福島県教育会館 1956	
092	15	聖アンセルモ教会［カトリック目黒教会］1956————寄り道	
094	16	東京都水道局長沢浄水場 1957	
100	17	登別温泉科学館［現・登別温泉ふれあいセンター］1957	
106	18	岡山県庁舎 1957	
	19	岡山県総合文化センター［現・天神山文化プラザ］1962	
112	20	海星学園中央館 1958	
118	21	善照寺本堂 1958	
124	22	香川県庁舎［現・東館］1958	
130	23	東京工業大学創立70周年記念講堂 1958————寄り道	
132	24	聖クララ教会［カトリック与那原教会］1958————寄り道	
134	25	羽島市庁舎 1959	
140	26	都ホテル佳水園［現・ウェスティン都ホテル京都佳水園］1959	
146	27	国立西洋美術館 1959————寄り道	
148	28	五島美術館 1960	
154	29	倉敷市立美術館［旧倉敷市庁舎］1960————寄り道	
156	30	輸出繊維会館 1960————寄り道	
158	31	学習院大学中央教室 1960————寄り道	

1956 ●昭和31年●

縄文は弥生に再び勝利する

白井晟一研究所

松井田町役場［松井田文化財資料室］

所在地：群馬県安中市松井田町新堀1415
構造：RC造｜階数：地下1階・地上2階｜延べ面積：1289m²
初出：2007年5月28日号

閉館

旧中山道沿いの街並みから少し奥まったところに、その建物は見えた。白い。それが第一印象だ。場所は群馬県西部にあるかつての松井田町。現在は合併したため安中市となっている。

この建物は白井晟一の設計により1956年に完成。1992年までは松井田町役場として使われていたが、新庁舎の完成とともにその役割を譲り、現在は周辺の遺跡から出土した遺物を収集し展示する松井田文化財資料室となっている[1]。

外観はシンメトリックな切妻形のファサードで、その庇を列柱が支えるという白井建築ではおなじみの形式。2階にはテラスが緩い弧を描くように張り出しており、そのカーブと屋根のこう配が絶妙なハーモニーを奏でていて、美しい。鮮やかな白い丸柱が並ぶ姿から、「畑の中のパルテノン」とも呼ばれたという。

正面中央からやや右にある玄関を入ると、重厚な階段が待ち受けていた。内部は無料で見られるようになっているので、そのまま2階の展示室へと上がっていく。展示室はもともと会議室だったスペースだ。近くを通る高速道路の建設に際して出土したという貴重な遺物を見てから、再び階段室に戻り、今度はバルコニーへと出てみる。町の建物の向こうに、雲がかかった妙義山の姿が見えた。

松井田町役場が竣工した年に、白井は「縄文的なるもの」という文章を発表している。当時の日本建築界は伝統論争のまっただ中だった。伝統論争とは、モダニズム建築と日本の伝統建築との関わりをテーマとして、多くの建築家や評論家が発言したもの。丹下健三の建築が桂離宮や伊勢神宮などとの関連で語られたりしていた。そこに白井は割って入り、それまで語られてきた伝統は繊細で貴族的な美を目指す弥生の伝統にすぎない、日本には重厚で荒々しい造形を志向する縄文の伝統もある、と主張したのである。その後、「弥生派」の代表と目された丹下も縄文的な造形へと手を染めるようになるから、白井の論文は相当な影響を振るったと言えるだろう。

ところで白井による縄文と弥生の対立という視点はどこからきたものだろうか。

パリの白井晟一

それを考えるために、白井の経歴を遡ってみよう。白井は、京都高等工芸学校（現・京都工芸繊維大学）で建築を学んだ後、ドイツのハイデルベルク大学に留学する。実存主義哲学者のカール・ヤスパースに師事したという。

留学時代の白井の様子が分かる興味深い資料がある。作家、林芙美子の日記である。これは

[1] ── 耐震性などの問題のため、2017年に閉館した

076　Japanese Modern Architecture 1945-64　　No.12

A ファサードを正面から見る。バルコニーの手すりには白井作品のトレードマークともなっている丸穴のブロックが使われている | **B** 背後から見ると意外に地味だ | **C** バルコニーに出ると、真っすぐに並ぶ丸柱と湾曲する手すりが対比的に現れて美しい | **D** 白井作品でしばしば見せ場となる階段室。白井が手掛けた建築の写真や白井の顔写真などが飾られている | **E** 2階、バルコニーに面した事務室 | **F** バルコニーの壁にはダンゴに串を刺したような紋様が | **G** 2階、大会議室だった部屋は現在、展示室となっている | **H** 和室は資料置き場になっている

『林芙美子 巴里の恋』(中公文庫)として注釈付きで出版されている。

『放浪記』で人気作家となっていた林は、結婚していたが夫を日本に置いて、ひとりパリに滞在していたのだった。ちょうどその頃、ドイツへ留学していた白井はパリを訪れていた。そして林と白井は異国の地で出会う。この時、白井は27歳、林は29歳である。

白井に会った林はすぐに恋に落ちるのだった。毎日のように会い、そのことを日記に書く。「会へば胸あふれる思ひ。只呆んやりだまってゐた。何もかも考へる事、仕事の事親の事夫の事、こだけは別な少女の私でありたい。どんなムチでもうけませう」。もうメロメロである。

林がパリでの体験をもとに発表した『巴里日記』では白井は「S氏」として出てくる。この人物は、風邪を引いて寝込んでいた林をバラの花をもって見舞ったり、誕生日に王冠の付いた香水と白粉をプレゼントしたりする。なんてカッコいいんだろう。今、ドラマ化するならSMAPの木村拓哉が演じそうなくらいである。白井というと、晩年に撮られた陰影の強いポートレートから、人を寄せ付けない気難し屋のイメージがつきまとうが、若き日の白井はそれとは全く異なるモテ男のキャラクターだったようである。

もうひとりの「弥生派」

さて、林の日記には、林を巡ってもうひとりの男性が登場する。考古学者の森本六爾である。

森本は林のもとを何度も来訪するが、「不快だ。女のくさつたみたいだ」「此男とは絶交する必要がある」などと拒否される。それでもけなげにリラの花を林の部屋の前に届けるのだが、「こんな事をする男はよけい厭だ」とまで書かれる始末。花を贈られても白井とは正反対の扱いで、同情したくなる。

日本に帰った森本は、考古学研究をさらに深め、弥生時代が農耕社会だったことを提唱する。それが認められないうち森本は32歳で夭折するが、その後の奈良県唐古遺跡の発掘で彼の学説は証明される。森本の名は、弥生文化の発見者として考古学の歴史に名を残している。

そうか、と思う。後年の伝統論争における縄文対弥生の対立に先だって、若き日の白井晟一は、「弥生派」の研究者と恋のライバル関係を演じていたのだ。そして「弥生派」を相手に2度の対立に勝利する。白井がそれを自覚していたかどうかは分からないが、面白い運命の巡り合わせである。考古学資料の展示施設に変わった松井田町役場庁舎を見て、そんなことを考えた。

078　Japanese Modern Architecture 1945-64　　　　　　　　　　　　　　　No.12

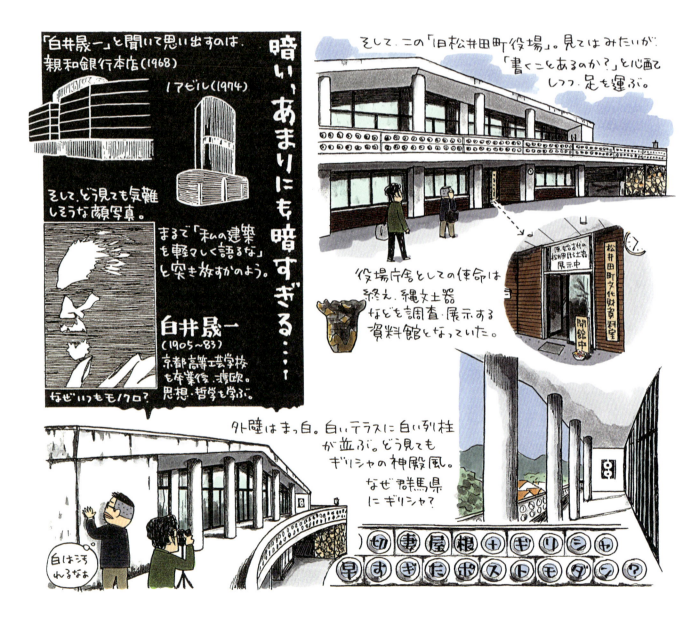

| 復興期 1945–1955 | 葛藤期 1956–1960 | 飛躍期 1961–1964 | 079

資料室は2階にある。南側がカーテンで閉ざされているが、もともとは全面開口だった。

現在／竣工時

当時の写真を見ると、まぶしいくらいに明るい空間だ。

妙義連峰

階段室は、ミニ白井晟一ギャラリーになっている。建築関係者にはちょっとうれしい。

なぜ じ ょ う も ん と 自 由 に 戦 そ う

なぜこの建物が「縄文的」って言われるのかわかりませんが、今は縄文土器を展示しているので、縄文つながりでいいかなーと思ってます

スタッフ

WHY JOMON

確かに、この建物がなぜ「縄文・弥生論争」のきっかけになったのか、実物を見てもさっぱりわからない。

そこで、お馴染みの"暗い写真"に混じって、素の白井を撮った写真を発見。なんだ、いたずらっ子のような童顔じゃないか！

リアル白井晟一？

もしかしたら、当時の建築界は、白井のいたずらに振り回されただけなのでは？白井はもっと自分の建築について自由に議論してほしかったのでは？

（正しい解釈は、インさんの文章で）

「縄文」とか言ったら盛り上がるかな。

フフフ

いたずらっ子晟一？

080　Japanese Modern Architecture 1945-64　　　　　　　　　　　　　　　　　　　　　　No.13

・昭和31年・
1956

自らのように自らをつくる

谷口吉郎＋日建設計工務

秩父セメント第2工場 ［現・秩父太平洋セメント秩父工場］

所在地：埼玉県秩父市大野原1800｜交通：秩父鉄道大野原駅から徒歩10分
構造：SRC造・S造｜延べ面積：約3万3000m²
初出：2007年6月25日号

埼玉県

石灰石の大鉱床として知られる武甲山。そのふもとの地に、秩父セメントが創業したのは1923年のことだ。もともとの工場は秩父市の市街地に近いところにあったが、朝鮮戦争ぼっ発による特需を受け、生産力を増強するため、別の敷地に新しい工場を建てる計画が持ち上がる。

基本設計を依頼したのは、東京工業大学の教授だった谷口吉郎。谷口は、東京工業大学水力実験室（1932年）や慶応義塾の校舎（1949年）などの作品を手掛けていたが、大学の卒業設計では「製鉄工場」を題材にしていた。それだけに本格的な工場設計の機会を得て、大いに意気込む。生産性の高さはもちろんのこと、安全と衛生の面からも優れ、しかも美しさを兼ね備えた、理想の工場を実現しようとしたのだった。実施設計には日建設計工務（現・日建設計）が当たり、1956年に出来上がったのが、秩父セメント第2工場である。

なお秩父セメントは、1990年代に進んだセメント業界の再編により、小野田セメント、日本セメントと次々と合併を果たし、太平洋セメントとなった。さらに2000年には、太平洋セメントの子会社として秩父太平洋セメントが設立され、ほぼ同時期に秩父セメントの第1工場が操業を停止。その結果、秩父セメント第2工場は現在、秩父太平洋セメント秩父工場と名前を変えている。

美しく分割された壁面

敷地へと足を踏み入れてみよう。門から延びて中央を貫く幅の広い通路。その両側に、圧倒的なボリュームで建築群が立ち並んでいる。第1期工事の建物に限ってみても、建築面積で1万坪（約3万3000m²）を超えているというから、これまでのモダン建築巡礼で訪れた中で間違いなく最も巨大な建築だろう。しかし、絶妙なボリューム配分と、リズミカルに連続するボールト屋根の効果で、単調さは感じない。

そして特筆すべきは、立面の美しさだ。谷口の作品に共通する縦に長い四角形のパターンでそれは構成される。端正なプロポーションによる壁面分割は、スチールサッシ、スレート、レンガ、コンクリート打ち放しなど、様々な素材を用いながら、外壁を覆い尽くしている。これだけ大規模な建築でありながら、このデザインの密度が隅から隅まで保たれていることには、驚嘆するはかない。

敷地内には、セメントの製品を積んだトラックが走る。この工場で生産されたセメントが出荷されていくのだ。言うまでもなく、セメントはコンクリートの材料となる。果たして、今日、出荷されるセメントはどんな建築で使われるのだろう。あるいは、土

082　Japanese Modern Architecture 1945-64　　　　　　　　　　　　　　　　　　　　　　　　　　　　　　　　　No.13

A 正門近くの受付・守衛所。シェル構造の屋根が架かる｜**B** 4基あった湿式キルン(回転窯)は、1基を残して解体された。現在、端部だけが残る｜**C** 燃焼室・石炭粉末室｜**D** 煙突。2本を連結させて、まゆ玉のような断面を採っている｜**E** 原料倉庫の外壁。コンクリート打ち放し(下部)、空洞レンガ積み(中間部)、スチールサッシにスレートはめ込み(上部)と素材を変えている｜**F** 原料倉庫は幅30m、長さ240m、高さ26m。巨大な内部空間は荘厳さすら感じさせる｜**G** セメントサイロ。写真左手に貨物車両の出荷所が続く

木構造物か。

　そんなことを考えるうち、不思議なことに思い至る。このセメント工場の建物も、主に鉄骨鉄筋コンクリート造でできている。つまりこの工場は、コンクリート構造の材料を生み出すコンクリート構造なのである。自分自身を自分自身がつくるという、不思議な循環がここには見て取れる。

「工場のような工場」

　ところで、モダニズム建築の歴史を振り返ると、工場は重要な位置を占めている。ペーター・ベーレンスによるAEGタービン工場（1909年）やワルター・グロピウスらによるファグス靴工場（1911年）などは、モダニズムのぼっ興期を代表する建築だ。

　これらの作品で達成された新しい工場のイメージは、他の分野の建築にまで大きな影響を及ぼすようになる。工場という建物タイプが、モダニズムという新たな建築潮流の規範となったのだ。言い換えるなら、モダニズムは「工場のような建築」を目指すことによって推し進められた。例えば、バウハウスに関して建築史家のニコラス・ペヴスナーは、それは「学校であると同時に、工場であった」と記している（『モダン・デザインの展開』みすず書房）。

　しかし、モダニズム建築として工場をつくろうと思ったら、ややこしい問題が持ち上がってくる。モダニズム建築が「工場のような建築」だとするなら、「モダニズム建築としての工場」は「工場のような工場」となり、無意味な同語反復となってしまうからだ。ここにもまた、自らのように自らをつくるという、合わせ鏡のような循環構造が現れてくる。

　この問題は回避することもできる。ほぼ同時期に建てられたモダニズム建築の工場として、秩父セメント第2工場と並んでDOCOMOMO100選に選ばれたのが、丹下健三の設計による図書印刷原町工場（1955年、64ページ参照）だ。この建物の特徴は、構造と空調設備の統合にある。丹下は工場というビルディングタイプを扱うにあたって、技術の側にテーマをずらした。それによって、「工場のような工場」という同語反復に陥るのを避けたのである。

　一方、谷口はこの工場を設計するにあたって、「工場のような工場」をつくるというモダニズムの難問に、正面から突っ込んでいったように思える。そしてそれを突き詰めたがゆえに、谷口にはモダニズムの限界も見えてしまったのではないか。その証拠に、以降の谷口の作品ではこうした純度の高いモダニズムは見られず、日本の伝統に回帰したデザインが目立ってくるのである。

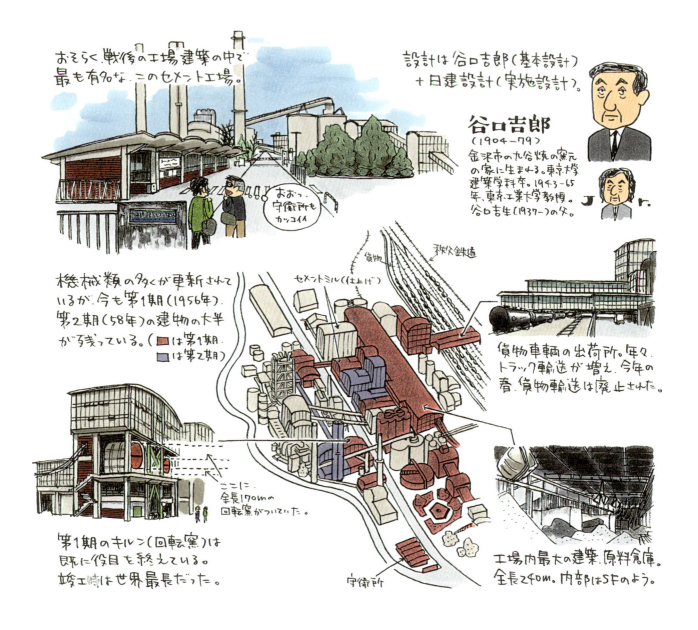

増築され、外壁は汚れても、往時の"リズム"は生き続ける。

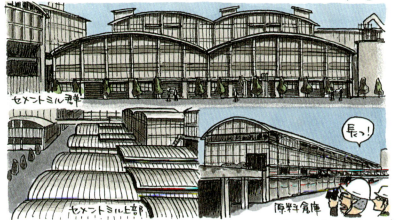

1956 昭和31年

イッツ・オンリー・ロックンロール

ミド同人

福島県教育会館

所在地:福島市上浜町10-38｜交通:JR福島駅からタクシーで約10分
構造:RC造｜階数:地上2階｜延べ面積:2175m²
初出:2007年10月22日号

福島県

福島市は周囲を山に囲まれた盆地の町だ。その中を南北に流れる阿武隈川。そのほとりに、今回の目的地である福島県教育会館は立っている。

建物は626人を収容するホールと大中小の会議室、ギャラリースペースなどから成る。建設の主体となったのは福島県教員組合のメンバーで、組合員が毎月100円ずつ積み立てたお金を建設資金に供出した。それでも足りなかったので、施工の際には一般の市民も協力したという。当時の人々がいかに建築を切実に欲していたかが分かるエピソードだ。

設計したのはミド同人。発表された雑誌の記事では、担当者の名前に、大高正人、鬼頭梓といった前川建築設計事務所のスタッフと、木村俊彦ら横山構造設計事務所のスタッフが掲載されている。それぞれの事務所の代表者である、前川國男と横山不学の名前はない。

これは代表者に隠れてコッソリやったわけでは無論ない。むしろ前川は、建築を創造する新しい組織の形として積極的にミド同人の活動を推進していた。ちなみにミドとはMayekawa Institute of Designの頭文字から取ったネーミングである。とはいえ、若い所員が事務所に所属しながら、ボスの名前を冠さずに作品を発表していたのだから、今では考えられないような大胆な話ではある。

高度成長の前、最後の戦後建築

福島県教育会館が竣工したのは1956年。日本は朝鮮戦争の特需をきっかけに、これまでにないほど経済活動が活発化していた。高度経済成長の始まりともされる神武景気である。そしてこの年の経済白書には、有名な「もはや戦後ではない」の文字が記される。

この認識が正しいとするならば、福島県教育会館は最後の戦後建築と言えるのかもしれない。あるいは、最初のポスト戦後建築か。

改めてこの建築を眺めると、全く異なる2つの要素から構成されているのが分かる。駐車場から見て右側の低層部と左側のホール部だ。両者をつないでいるのが水平に貫く梁で、ホール部にはそれが縫い目のように表れている。

会議室やギャラリーを収める低層部は、柱と梁の組み合わせによるシンプルなラーメン構造。吹き抜けを擁するロビーは、前後に大きなガラスの開口面を持った透明性の高い空間で、飾り気のないデザインが、いかにも戦後建築の機能主義を感じさせる。

一方のホール部は折板の壁と波形シェルの屋根による構造。少ない工費で大空間を実現するためのデザインではあるが、結果的には鉄筋コンクリー

A ホール部の外壁を見上げる。折板の壁を貫いて梁が走る｜**B** 南西側から見た外観。手前のロビー部はシンプルな矩形を保っている｜**C** エントランスロビーを見下ろす。2階にはギャラリーが巡っていて、大ホール客席ともつながっている｜**D** ロビーの階段｜**E** 第一会議室。間仕切りを動かすとギャラリーと一体化する｜**F** 大ホール内部。626人を収容する｜**G** 大ホールの内部壁面。折板構造の形がそのまま表れている。現在はクロス張りだが、当初はベニヤ板のままだった

トの合理的な構造によってダイナミックな美をうたい上げるものとなっている。エーロ・サーリネンのケネディ空港TWAターミナルや丹下健三の東京カテドラル聖マリア大聖堂（282ページ参照）など、1960年代には構造表現主義と呼ばれる一群の建築が花開くが、福島県教育会館のホールは、その先駆けとも言えそうだ。

つまり「戦後の終わり」に際して建てられたこの建物は、機能主義の戦後建築と脱機能主義のポスト戦後建築を、1つに縫い合わせてしまった建物なのである。

ユラユラの壁とグルグルの屋根

さて、イラスト担当の宮沢記者はこの建築の断面図からエレクトリック・ギターを連想し、「民衆の音楽＝ロック」を象徴しているのだと説を唱えた（93ページ参照）。「前川建築事務所の人が好きそうなのはクラシックじゃない?」とか、「民衆の音楽だったらフォークでしょ?」とか、いろいろ反論しようと思ったが、ふと思いととどまる。この建物が建てられた1950年代半ばと言えば、ロックの起源であるロックンロールのブームが起こった時代なのだ。

1955年、ビル・ヘイリーが歌う映画『暴力教室』の主題歌「ロック・アラウンド・ザ・クロック」が大ヒット。翌年にはエルヴィス・プレスリーが「ハートブレイク・ホテル」で脚光を浴びる。そのほか、チャック・ベリーやリトル・リチャードといったロックンロールのスターが続々と登場していった。

ところでロックンロールという言葉は性的な意味を持つスラングが語源らしい。が、ロックとロールを文字通り訳せば、どちらも「揺れる、揺する」の意味である。英語の歌詞を日本語にして歌う直訳ロッカーの「王様」は、ロックンロールを「ユラユラとグルグル」と訳した。

ここでもう一度、福島県教育会館のホールを見直そう。ユラユラと折れ曲がった壁はロックだ。大波のようなグルグルした屋根はロールだ。これはまさにロックンロールを建築化したものではないか。

設計を担当した大高は当時33歳。鬼頭、木村は30歳になったばかりである。彼らはこの建築が竣工した年に、五期会を立ち上げている。この団体が行ったのは、建築界の若い世代による上の世代への異議申し立てだった。その後は建築界の重鎮となる彼らだが、当時は既成の権威に反抗する、怒れる若者だったのだ。そんな彼らのパワーが、ロックンロールと響き合って形となったのが、この建築なのである。宮沢説にナルホドとうなずいた。

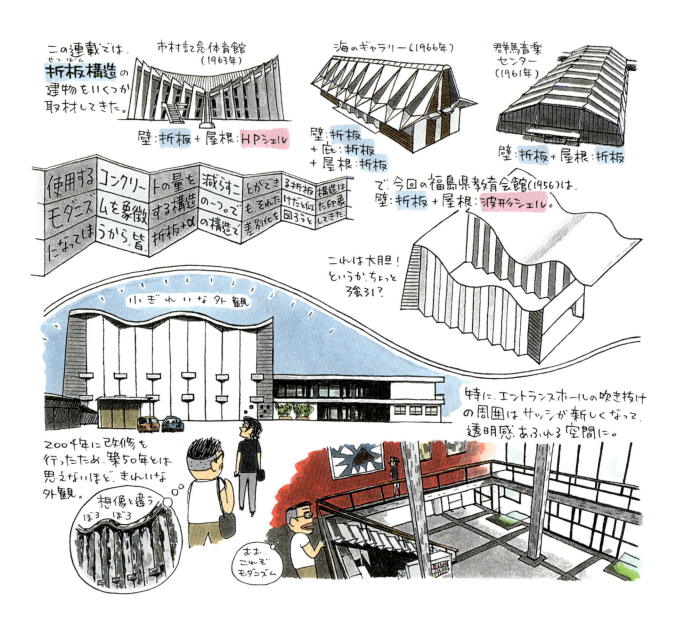

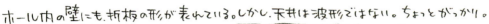
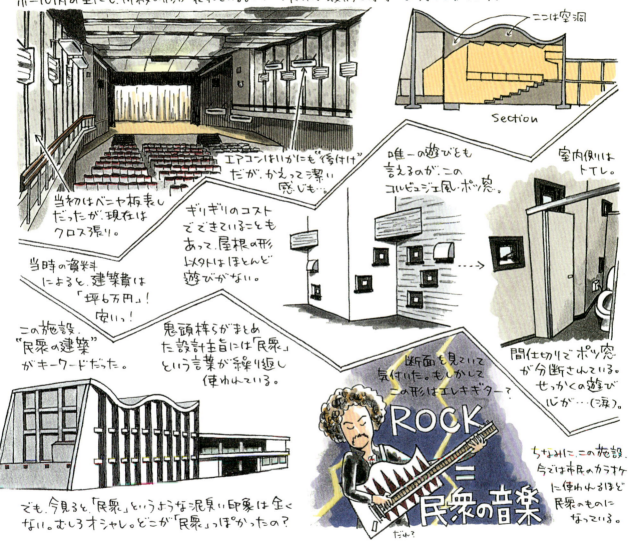

1956 昭和31年 寄り道 No.15

聖アンセルモ教会 [カトリック目黒教会]

教会の名手、光とアートの融合

初出：本書のための描き下ろし
構造：RC造　階数：地上2階
所在地：東京都品川区上大崎4-6-22　交通：JR目黒駅から徒歩3分

アントニン・レーモンド

東京都

教会の名手・レーモンドの教会の中でも、気軽に入りやすい施設。荘厳な光のストライプを見たいなら、朝早くか、夕方がお薦め

都内の"駅近名建築"の代表格が、目黒の聖アンセルモ教会（1956年、現・カトリック目黒教会）だ。JR目黒駅から徒歩3分。

設計は、アントニン・レーモンド！

この建築の魅力は、何といっても折板構造とスリットの相乗効果。

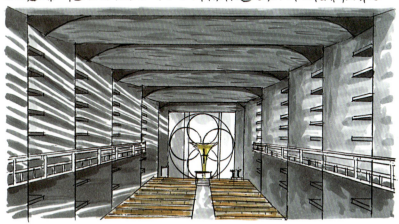

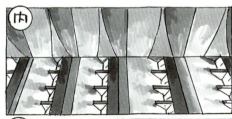

雁行する壁の隙間から光が差し込む。型枠つくるの大変だったろうなぁ…。

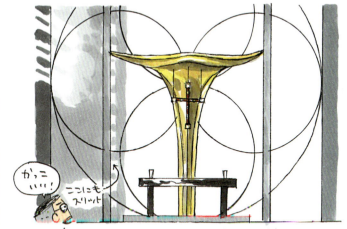

祭壇もレーモンドのデザイン。天蓋は鉄筋コンクリート造、金箔仕上げ。背後の円とマッチして現代アートのよう。

Japanese Modern Architecture 1945-64　　　　　　　　　　　　　　　　　　　　　　No.16

・昭和32年・
1957

光と闇が出会うところ

山田守＋東京都水道局

東京都水道局長沢浄水場

所在地：神奈川県川崎市多摩区三田5-1-1｜交通：小田急線向ケ丘遊園駅から小田急バスで浄水場入口下車、徒歩10分
構造：RC造｜階数：地下2階・地上3階｜延べ面積：7170m²
初出：2007年9月24日号

神奈川県

小田急線を生田駅で降りて、タクシーに乗る。住宅地を抜けて、小高い丘を上った先にその建物はあった。連続するアーチの一部をガラスで覆った異形のファサード。山田守の設計で1957年に完成した長沢浄水場だ。この建物は神奈川県川崎市にあるが、東京都水道局の施設である。

建物は改修を終えたばかり。内部の用途変更や構造補強を行ったほか、仕上げも変更している。目に付くところでは、例えばピンク色で塗られていた特徴的なマッシュルームコラムがクリーム色に変わっているが、これはコンクリート打ち放し仕上げだった竣工時の状態に近づけたもの。独立して建てられた守衛所は、本館と同じような柱形が採られている。総じてオリジナルの建築に対するリスペクトがうかがえる改修になっていて好ましい。

水道局の担当者による案内で、中をひととおり見学させてもらった。外観を特徴付けているマッシュルームコラムは室内にも繰り返し現れて、空間を支配している。

圧巻は濾過場の間に延びる操作廊下だ。長さ100mを超す長いギャラリー状の空間に、マッシュルームコラムが延々と並ぶ。その両側を囲むのは、ガラスのスクリーンだ。荘厳でありながらも同時に透明感があるという、普通だったらありえない空間がそこには出現している。

特撮ファンの聖地として

山田守は分離派建築会の一員として建築活動を出発し、逓信省営繕課で東京中央電信局(1925年)、東京逓信病院(1937年)などを設計。戦後もY字型平面をもった東京厚生年金病院(1953年)などで高い評価を得た。しかし、晩年に手掛けた京都タワービル(1964年、250ページ参照)や日本武道館(同)では、あからさまなシンボル性が災いしてか、建築界での反応は芳しいものではなかった。長沢浄水場も、竣工時はほとんど話題になっていない。当時は丹下健三や白井晟一らによる伝統論争が華やかなりし頃。表現主義をひきずった山田の建築は、時代遅れのものに見えたのかもしれない。

しかし、この建築に注目した人たちがいた。特撮ドラマの制作者だ。長沢浄水場は『仮面ライダー』『秘密戦隊ゴレンジャー』など、数多くの特撮作品でロケ地に使われた。そのため特撮ファンにとっては、聖地とも言えるような存在に祭り上げられている。

最も知られているのは、1966年に放映された『ウルトラマン』だ。おなじみバルタン星人が登場する第2話で、この建物は科学センターとして画面に現れる。異変を察知した科学特捜隊のメンバーが駆けつけると、そこは既に地球侵略を企むバルタ

A 左手前は新設された守衛所。本館のマッシュルームコラムが踏襲された | **B** 塔屋は改修により小さくなった。当初の柱が根元だけ残っている（右手前）| **C** 長さ110mにも及ぶ操作廊下の内部にはマッシュルームコラムの列柱が続く | **D** 操作廊下の端部。角のガラスを丸めたところがいかにも山田守 | **E** 玄関ホール。『ウルトラマン』の撮影でも使われた | **F** 本館の隅部を見上げる。柱と手すりの曲線がうっとりするほど美しい | **G** 操作廊下端部の柱はオリジナルの状態を保っていた。コンクリート打ち放しで仕上げられている

ン星人に占拠されていた、という筋書きだ。DVDを見ると、建物の外観や玄関ホールが印象的に使われている。

ところで、なぜ長沢浄水場はロケ地として選ばれたのだろうか。

モダニズム対ゴシック

下世話な話をすれば、世田谷区砧の撮影所から近くて、なおかつ周囲には人家が少なかったから、というのがひとつの理由には違いない。ロケ地として、まずここは使いやすかった。

しかしもちろんそれだけではない。ここではウルトラマンとバルタン星人を、デザイナーによる造形物と見て、その関連を考えてみたい。

ウルトラマンは光の国から来たヒーローだ。そのデザインが決まるまでの過程を見ると面白い。美術作家の成田亨による初期のスケッチでは、角やトゲをはやしていて怪獣に近かったが、第2稿、第3稿と進めていくうちに、装飾的な要素がどんどん削ぎ落とされていき、最終的にはあの見事なまでにシンプルな姿になっていった。これは建築で言うならモダニズムだ。そしてその美学は「直角の詩」を詠じている。スペシウム光線を発射する際に、左右の手を直交させるのがその証だ。

一方、バルタン星人は両腕のハサミと頭部のV字状突起による鋭角的なシルエットに特徴がある。闇夜の中に立ち上がるその姿の美しさは、ゴシック建築に通じる。そしてその根幹にあるのは、しなやかな曲線である。

つまりウルトラマン対バルタン星人は、モダニズムとゴシック、直角と曲線の対比ではなかったか。

ここで山田守の建築を思い返すと、そこにはモダニズムとゴシックの両方を見てとることができる。逓信省時代の初期作品は、強烈な表現主義のデザインで、パラボラゴシックとも呼ばれた。その後、病院建築を多く手掛けるようになると、インターナショナル・スタイルと呼ばれるような、水平垂直にこだわった禁欲的なモダニズムへと変わる。この二面性こそ山田という建築家が持っていた資質だ。

『ウルトラマン』における長沢浄水場の映像を見ると、最初は昼間で、陽光の下でたたずむ建物は未来をイメージさせる超モダンな建築である。しかし、夜のシーンになると一転、不気味なゴシック風の雰囲気を醸し出している。モダニズムとゴシック。両者を1つの建築に畳み込んだのが、長沢浄水場なのだ。だからこそ、ウルトラマンとバルタン星人が相まみえる場所として、この建築は選ばれたのである。建築史的な価値だけでなく、特撮文化の遺産として、いつまでも残したい建物だ。

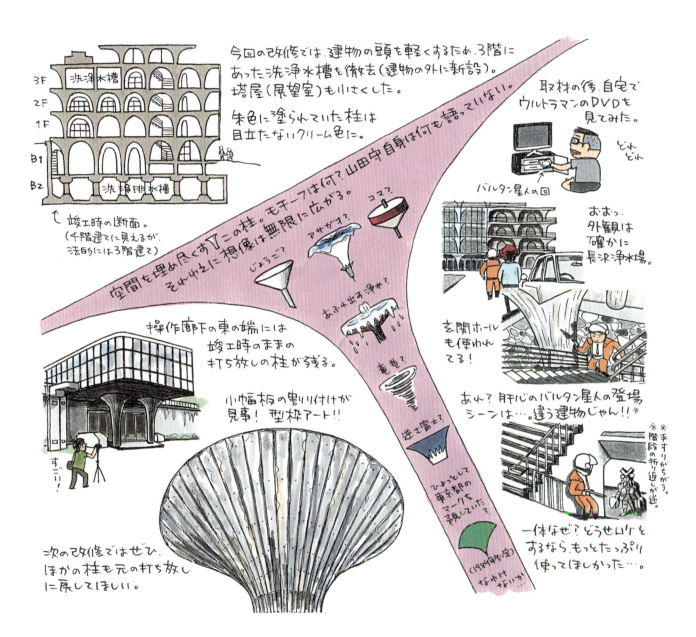

1957 昭和32年

終わらないモダニズム

太田実

北海道

登別温泉科学館［現・登別温泉ふれあいセンター］

所在地：北海道登別市登別温泉町58-1 ｜ 交通：JR登別駅から道南バスで登別温泉ターミナル下車
構造：RC造 ｜ 階数：地下2階・地上2階
初出：2008年3月24日号

モダン建築巡礼の第1期取材は、日本列島を西から東へと順にたどっていった。その最終の訪問地が北海道である。

今回取り上げる登別温泉科学館は、北海道でも有数の温泉地の玄関口に立っている。前面道路から見た建物の形は、屋根の上に少し不思議な突起物があるな、という程度の印象だが、横に回り込むと、その大胆な形に驚嘆させられる。主構造は2本のアーチ。その曲線は山間に架かる虹を見るようだ。その途中に床板が架けられ、バスターミナルとつながっている。すごいのは、この建物が川をまたいで立っていること。こんな建築がよくも実現したものだ。

設計者の太田実は、北海道大学で長く教鞭を執ったプロフェッサー・アーキテクト。北海道大学クラーク会館（1959年）や北海道立近代美術館（1977年）といった代表作がある。建築を学んだ者にはジークフリード・ギーディオンが著した近代建築史の古典『空間 時間 建築』（丸善）の翻訳者としても知られる。彼の最初の作品が登別にあるこの建物だ。

もともとは温泉について解説した科学博物館として建てられた。修学旅行生の見学コースとなるものの、一般の温泉客には受け入れられず、わずか4年で閉館。その後はバス会社の売店となったが、それも続かず67年以降、建物は使われないま

だったという。しかし老朽化した建物がそのまま放置されていては景観上も好ましくないことから、2001年度に登別市は建物の耐久度を判定。それを踏まえて所有者のバス会社は改修を実施する。そしてこの建物は、登別温泉ふれあいセンターとして復活した。

現在、中には登別市の支所、図書やインターネットを利用できる情報コーナー、多目的ホールが設けられている。内部には科学館だったころの面影は全くなく、せっかくのアーチ構造も隠されていて分からない。改修の設計はもう少しやりようがあったと思うが、それを非難するのは控えよう。この建物が残っていること自体が奇跡なのだから。

鞍形をした宇宙のモデル

2階もまた、もったいないことにほとんど使われていない。ここには屋根の形がそのまま天井になって現れている。この屋根はシェルと呼ばれる構造だ。シェル構造では卵の殻のように、薄い板状の材料で大きな空間を覆うことができる。球面、円筒、折板などさまざまな形のものがあるが、ここで採用されているのはHPシェル（双曲放物線面シェル）だ。これは反りの方向が2つあって直交し、片方が凸、もう片方が凹になったもので、その格好から鞍形シェ

102　Japanese Modern Architecture 1945-64　No.17

A 南東側から見た全景。巨大なアーチが両岸に架け渡されている｜**B** 鞍形シェルの屋根はシンプルだが美しい｜**C** 見下ろすと建物の下には川が流れている｜**D** バスターミナルに面した入り口｜**E** 1階の情報ホール。図書の閲覧や絵画の展示が行われている。ここも含めて、アーチの構造が1階内部ではすべて隠されているのが惜しい｜**F** シェルの屋根形がそのまま内部にも現れた2階

ルとも呼ばれる。シェル構造ならではの形態である。

こうした構造の特徴を生かした大胆な造形の建築が、1950年代から60年代にかけて建築界では広く追求され、構造表現主義とも呼ばれた。ヨーン・ウッツォンのシドニー・オペラハウス（1973年、設計コンペは57年）やエーロ・サーリネンのケネディ空港TWAターミナル（1962年）は、それを代表する作品である。日本でも、丹下健三が東京カテドラル聖マリア大聖堂（1964年、282ページ参照）という傑作を生み出している。

HPシェルの鞍形から連想されるのは、アレクサンドル・フリードマンの宇宙論だ。1922年、アインシュタインを批判的に受け継いだこの科学者は、膨張したり収縮したりする宇宙のモデルを示した。それによると、宇宙の形には曲率の違いによって3つの可能性があるという。曲率とは空間の曲がり方を示すもので、この値がゼロなら宇宙は「平ら」であり、ゆっくりと膨張し続ける。正の値なら宇宙は「球面」であり、閉じている。その場合、宇宙は膨張から収縮に転じて、最後はつぶれる。負の値なら宇宙は「鞍形」であり、開いている。その場合、宇宙の膨張は永遠に止まらない。

この宇宙モデルはモダニズム建築にもなぞらえられるのではあるまいか。つまりモダニズムの進化にも3つの形がありえたと考えるのである。

モダニズム進化の3つの可能性

平らな宇宙に当たるのが、陸屋根に象徴されるバウハウス由来の正統モダニズムだ。平らな宇宙が次第に膨張速度を落として静止状態へと近づくように、正統モダニズムはそのスタイルを永遠に保っていく。

球面宇宙に当たるのが、ドーム屋根を冠したポストモダニズムだ。球面宇宙が膨張から収縮へと転じるのと同様に、ポストモダニズムは歴史様式へと回帰する。

鞍形宇宙はシェル構造に代表される構造表現主義的な建築だ。鞍形宇宙が止むことなく膨張するように、構造表現主義的なモダニズムは建築の自由な形を追い求め、その発展は終わることがない。

構造表現主義的な建築は1970年代になると下火になる。しかし、構造デザイナーの佐々木睦朗が関わった北方町生涯学習センターきらり（設計：磯崎新、2005年）やアイランドシティ中央公園中核施設ぐりんぐりん（設計：伊東豊雄、2005年）などを見ると、こうした建築がよみがえる気配も見られる。

終わらないモダニズムの可能性。登別温泉科学館の鞍形シェルは、再びそれを思い起こさせてくれる。

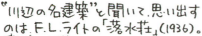

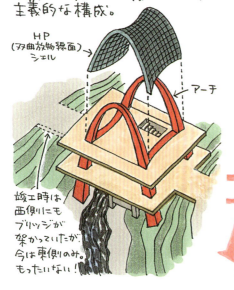

もともとは、温泉に関する資料を展示する施設だったが、わずか4年で閉館。

HPシェルを受ける湾曲梁

竣工時の1階

打ち放しのアーチ柱

その後、長く放置された。

「美観を損ねる」という市民の声を受け、市役所の支所兼情報センターとして03年にリニューアル・オープン。

現在の1階

この中に柱が…

1階のアーチ柱は、白い壁で覆われてしまった。湾曲した梁も見えない。もったいない！

あまりの「もったいなさ」が、建築好きの「萌え心」に火をつける。

2階は今も、アーチ＋HPシェルのダイナミズムが健在。

しかし、この部屋、今はほとんど使われていない。

うおぉっ

おおおおおおおおお

↑確かに響く。

音が反響しすぎて、会議にも展示にも不向き、というのが理由。もったいない！

あらゆる意味で「もったいなさ」を感じるこの建築。実は太田自身も、竣工時の雑誌発表の時から既に、「なすべくして果たされなかったことの多くを憂いている」と、残念モード。想像するに、太田は全体をスケスケのガラス張りにして、構造体を見せたかったのでは？

もしガラス　　　張りだったら…

（想像図）

実は極薄のスラブ

今はどうあれ、建物が残っている限り、再度、改修されるチャンスはあるはず。その時は「落水荘」に並ぶ"川辺の名建築"として、世界の建築好きが訪れることだろう。

昭和32年 1957 / 昭和37年 1962
異色作の味わい

前川國男 — 岡山県

岡山県庁舎

所在地：岡山市北区内山下2-4-6｜交通：岡電東山線県庁通り駅から徒歩4分
構造：SRC造｜階数：地下1階・地上9階｜延べ面積：2万5520m^2
初出：2018年4月12日号

岡山県総合文化センター［現・天神山文化プラザ］

所在地：岡山市北区天神町8-54｜交通：岡電東山線城下駅から徒歩3分
構造：RC造｜階数：地下1階・地上3階｜延べ面積：4662m^2
初出：2018年4月12日号

復興期 1945–1955　　葛藤期 1956–1960　　飛躍期 1961–1964　　　　　　　　　　107

　前川國男の作品がまとまって立っているところとしては、青森県弘前市がまず挙げられる。建築巡礼の連載でも、弘前市民会館を取り上げたときに、これを含めて9作ある市内の前川建築について触れた（244ページ参照）。

　岡山市内にも数多くの前川建築がある。2018年3月10日の「瀬戸内Archiシンポジウム」（主催：瀬戸内近現代建築魅力発信協議会）に合わせて開催された見学会に参加し、2つの前川建築を再訪したので、これを紹介しよう。

　まずは岡山県庁舎。1957年に竣工している。その5年前から庁舎建設を目的とする地方債が発行できるようになり、庁舎の建設が全国でブームとなる。岡山県ではこれをいち早く活用した。

　戦後の都道府県庁舎の建設では、佐賀、長崎、福島などが先行していたが、それらは中庭形の左右対称プランだったり、シンボリックな塔が付いていたりと、プレモダンの色合いが残る。岡山県庁舎は、丹下健三が設計した旧・東京都庁舎（1957年）と並んで、最初期の本格的なモダニズム都道府県庁舎といえるだろう。

前川がキレキレだった頃

　特徴は高層の本館と低層の議会棟を分け、こ

れが美しいコンポジションを生み出していること。2つの棟を結ぶ渡り廊下は、そのまま吹きさらしの回廊として北側に延び、折れ曲がってまた戻ってくる。

　前川建築の特徴であるカギ形に折れながら続いていく動線が、ここにも明快に表れている。またこの回廊はピロティと結び付いて、地表レベルに前面広場を形成する。民主主義の時代にふさわしい、人々が集える開かれた外部空間をつくろうとしたことが見て取れる。

　この回廊もそうだが、今回の見学会では普段、立ち入ることができないところも見ることができた。一番、驚かされたのが屋上の展望室で、その床はなんと、四隅のロッドで吊られていた。らせん階段で上がると、ぐらぐら揺れる。スラブを薄くして塔屋部をスッキリ見せたかったからなのだろうが、ここまでやるか、という感じ。前川というと1970年代以降のタイル張り美術館に見られる保守的な作風をまず思い浮かべてしまうが、この頃はキレキレのデザインをやっていたんだな、ということが分かる。

　なおその後、西庁舎が71年に、議会棟新館が80年に、前川の事務所による設計で増築されている。本館自体も実は形が変わっていて、1991年の工事で東側に延長された。目を凝らすと、確かにつなぎ目が分かる。また議会棟新館には、東京都美術館（1975年）や新潟市美術館（1985年）などに

岡山県庁舎

岡山県総合文化センター［現・天神山文化プラザ］

A 北側に張り出した回廊は前面の広場を生み出し、ピロティに連続して訪問者をいざなう｜**B** 展望フロア。床が四隅のロッドで吊られている。歩くと少し揺れる｜**C** 本館の外装はガラスと鋼板の組み合わせによるカーテンウォール。薄い鋼板はプレス加工で強度を出している｜**D** 本館と議会棟に囲まれた中庭には古橋矢須秀による彫刻が置かれている｜**E** 西側から見た外観。外階段の踊り場のスリットが印象的｜**F** 建物の北面を覆う垂直ルーバー。南面は水平のルーバーが設置されている｜**G** ロビーの壁面には大小の切れ込みが入っている。キャンバスを切り裂いたフォンタナの作品をほうふつとさせる｜**H** ロビーの天井は濃い青地に照明がランダムに配置され、夜空の星を見るよう｜**I** 普段は閉鎖されている屋上には、トップライトと組み合わせたベンチが設けられている

見られる扁平なアーチが付いていたりして、晩年の前川作品の特徴が現れている。その辺りの味わいもまた良しだ。

建築と美術の一体化

続いて、歩いて十数分のところにある天神山文化プラザ、通称「天プラ」へ。もともと「岡山県総合文化センター」として1962年に開館したもので、内部には展示室、ホール、練習室、会議室、文化情報センターなどの機能を収める。訪れたのは土曜日だったが、すべての部屋が生き生きと使われていて、竣工後、55年を経た建物であるにもかかわらず、今も人気施設であることに感激する。

建物の特徴はまず敷地だ。前川の建物というと、都市の中心部にある真っ平らな敷地に立っているという印象が何となくある（逆に例えば、吉阪隆正の建物は必ずといっていいほど斜面地にある）。しかし「天プラ」は崖地のような場所に立っている。そして斜面に対して直交するように、2階、3階のボリュームが突き出している。迫力ある外観だ。

北側の坂道からアプローチすると、1階のピロティへと導かれる。光庭の吹き抜けに面した壁には、彫刻家の山縣壽夫によるレリーフ作品が、1階から屋上階までを貫く大きさでつくられている。そし

てロビーに面した壁には、イタリアの画家、ルーチョ・フォンタナの作品を思わせるような切れ込みがコンクリート打ち放しの壁に入っていた。その後の前川建築を見ても、建築とアートをこれほど一体化した作品はないだろう。

岡山市の中心部には、林原美術館（旧・岡山美術館、1963年）という前川作品もある。こちらも長屋門や蔵など、日本の伝統建築と一緒に立っているという異色作だ。

前川の代表作として、これらの作品が挙げられることはあまり多くない。しかし、いずれも前川建築の特徴が出ているとともに、ほかで見ることのできない面白さを持った重要な作品ばかりである。

また建築以外では、有本芳水詩碑（後楽園外側、1961年）、ねむり塚（曹源寺内、1962年）、石井十次記念碑（新天地育児院内、1965年）といった碑の作品もある。前川に関心があるなら、岡山市は絶対に訪れたいところだ。

"前川國男巡礼"といえば、青森県弘前市を思い浮かべる人が多いだろう(建築巡礼でも2008年にリポート)。数では弘前市に及ばないが、質では岡山市も負けていない。18年3月に岡山県が中心となって実施した近現代建築ガイドツアーに参加。右図の前川建築3件を全部見た。どれも捨てがたいのだが、今回は前川の"50代の葛藤"を知ることができる2つの建築をリポートしたい。まずはこれ↓。

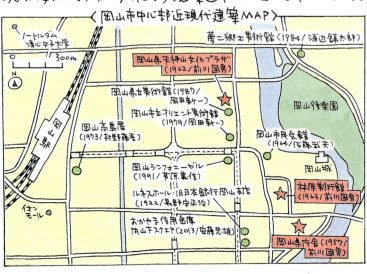

〈岡山市中心部近現代建築MAP〉

- ノートルダム清心女子大学
- 夢二郷土美術館(1984/浦辺鎮太郎)
- 岡山県天神山文化プラザ(1962/前川國男)
- 岡山県立美術館(1987/岡田新一)
- 岡山高島屋(1973/村野藤吾)
- 岡山市立オリエント美術館(1979/岡田新一)
- 岡山市民会館(1964/佐藤武夫)
- 岡山後楽園
- 岡山城
- 岡山シンフォニービル(1991/黒川紀章)
- ルネスホール/旧日本銀行岡山支店(1922/長野宇平治)
- 林原美術館(1963/前川國男)
- おかやま信用金庫内山下スクエア(2013/安藤忠雄)
- イオンモール
- 岡山県庁舎(1957/前川國男)

岡山県庁舎(1957年)

丹下健三が設計した香川県庁舎(1958年)の前年に竣工したこの建物。ともに「戦後民主主義にふさわしい近代的庁舎」を目指してつくられたが、香川が「日本の伝統を感じさせる意匠」を前面に押し出しているのに対し、岡山は「最先端技術」のアピールがすごい。目標は同じでも、対照的。

最先端アピール①
新時代の工法を象徴するカーテンウォール(CW)で東西面を覆う。CWはスチールの強度を高めるために折り目をつけている。

最先端アピール②
「こんなにスパンとばせるぜっ」と、鉄筋コンクリートの力を誇示する空中回廊。腰壁は穴あきブロックを挟んでプレキャストを強調。

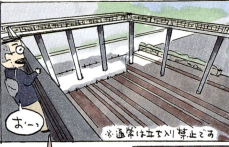

※通常は立ち入り禁止です

復興期 1945-1955 | 葛藤期 1956-1960 | 飛躍期 1961-1964　　　　　111

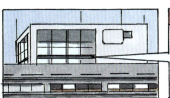

最先端アピール③
展望室は床スラブがまるごと四隅で吊られている。こんなの初めて見た。アンビリーバブル！ちょっと揺れてこわいけど…。

まじすか

※通常は立ち入り禁止です

建設中のこの現場を訪れたという丹下健三は、おそらく「技術アピールでは負ける」と思ったのでは。それが丹下を"意匠勝負"へと向かわせたのでは。

こう書いてくると、前川國男が技術至上主義者のように思えてしまうが、そんな簡単な人間ではない。それを知るために、「天プラ」の愛称で親しまれるこの施設へ。

岡山県総合文化センター（1962年）
現・岡山県天神山文化プラザ

正面はもう"コルビュジエ風"。
後からできたこの建物の方が技術アピールが薄い。

コルビュジエ！

そのかわり、こちらは理屈抜き（？）の面白デザインが満載。例えばロビー↓

ギザギザ天窓と、ランダム星空照明。屋上の採光窓が三角ベンチになってる！

※通常は立ち入り禁止です

打ち放しの壁に大小の切れ込み。なんと空調吹き出し口！

以前に学習院大学のピラミッド校舎（1960年）をリポートしたときにも思ったが、1960年代半ばまでの前川建築には、「理屈」と「抑えきれない衝動」の葛藤があるように見える。

晩年のレンガタイル張りへと向かう林原美術館（1963年）も含めて、岡山の前川建築巡りでは、前川50代の葛藤を想像すべし！

1958 昭和33年

ナガサキから世界を眺めて

海星学園中央館

吉阪隆正／綾井吉阪協力事務所

所在地：長崎市東山手町5-3
構造：RC造｜階数：地上6階｜延べ面積：2843m²
初出：2005年3月7日号

長崎県

解体

長崎の中華街をわき目にオランダ坂を上がる。しばらく歩くと、崖の上に、マリア像が乗った建物が見えてきた。海星学園中央館は1958年に竣工。建築家、都市計画家、早稲田大学教授など、幅広い活躍を見せた吉阪隆正が40歳の頃に手掛けた作品だ。同時期に吉阪が設計した呉羽中学校（富山市）は近々取り壊されると聞いたが[1]、こちらは学校の主要施設として使われている[2]。

坂道を上がって南側のグラウンドへ。目指す中央館の建物は、崖地に半ば埋まっているようにして立っていた。事務室の場所を聞くとさらに登った先にあるという。建物脇の階段を、息を切らしながら上がる。竣工当時に吉阪が記した解説によると、この斜面地に建物を配置したのは、平らなグラウンドをなるべく広く残そうという理由からだそうだ。ジグザグに進む外部階段はまるで登山道のよう。5階分ぐらいは上がっただろうか。そこにはもう一つのグラウンドがあった。

窓の向こうに見えるもの

ようやく事務室にたどり着き、許可を得て最上階から中央館に入る。ちなみにこの建物は、斜面の敷地を利用して、それぞれの階に出入り口がある。玄関ホールには、トロフィーや盾がびっしりと飾ら

れていた。海星学園はスポーツも盛んで、その記念品の数々だ。それに交じってプロ野球選手の写真が。ロッテ・マリーンズで全打順本塁打を達成した堀幸一、阪神タイガースで守備の職人としてならした平田勝男、そしてヤクルト・スワローズの酒井圭一がここのOBなのだった。酒井は怪物サッシーと呼ばれて1976年にドラフト1位で入団。プロでは残念ながら期待通りの活躍ができなかったが、いかにも速球派投手という下半身の筋肉の付き方がすごかった。なるほど、この学校の階段を毎日上がり下りすれば足腰も強くなるはずだ、と納得する。

平面の形式は学校ではよくある片廊下式だが、教室は雁行して配置されている。斜めに梁が走る廊下は、単なる通過動線ではなく、建築的な空間としてのデザインだ。北側に突き出た階段室も、鉄筋コンクリートで絶妙な曲面がつくり出されている。竣工後すぐに使われなくなったというが、階段室の中央部にはダストシュートも設けられていた。トイレが水洗だったのも当時は珍しかったそうだ。様々な最新設備を備えた学校として建てられたようである。

廊下の西端にいくと、壁には色ガラスのはめられたコルビュジエ風の窓がある。そこからはW・M・ヴォーリズ設計の活水学院の建物が眼下に見える。本館は1926年の竣工というから、海星学園の建設時、吉阪はこれを意識しながら設計したは

[1]——呉羽中学校は2005年に解体され、新校舎に建て替えられた　[2]——海星学園中央館は2015年に解体され、新校舎に建て替えられた

A 南側運動場から見た全景。建物は崖から突き出たような形をしている｜**B** 斜面の敷地を生かして北側には各階に出入り口がある。後から付けられたブリッジが視界を遮ってしまったのは残念｜**C** エントランスホール（6階）には、トロフィーや盾がびっしり｜**D** 廊下の西端にある窓。コルビュジエ直伝のデザイン｜**E** 塔内部のまわり階段。当初はダストシュートも設けられていた｜**F** 彫刻のような水飲み場｜**G** 教室前の廊下。雁行する平面が梁の形に表れている

ずだ。そんなことを考えながら目を凝らすと、その先には薄茶色の箱形の建物が見えた。常磐・出島地区に完成した、2005年春オープンの長崎県美術館で、日本設計と隈研吾の共同設計だ。そしてその奥には、高松伸設計の長崎港ターミナルビル（1995年）も見える。長崎を貫く一つの建築軸がここに浮かび上がってきた。

ならばこの軸線のさらに先には何があるのか？

吉阪－コルビュジエ・ライン

ご存じの通り、吉阪隆正は、フランスのル・コルビュジエのアトリエで修業を積んだ。海星学園はフランス系のキリスト教会派による学校なので、吉阪に設計の依頼があったのも、そうした関係があったかもしれない。

さかのぼると吉阪は幼少期も海外で過ごしている。国際連盟に勤めていた父親の関係もあって、スイスのインターナショナル・スクールに通っていたのだ。当時の印象的な授業について、吉阪は書き記している。いろいろな国から来た子どもたちがいっしょになって地図をつくる。それによって、一つの国にとらわれない、多様な立場からの世界観が得られるようになったという。

吉阪は建築家として活躍するようになってからも、多種多様な地図を発表した。東京が下にある地図を使っているから充血するように東京への一極集中が起こるとして、南北を逆さにした日本の地図を描いたり、メルカトル図法だと太平洋や大西洋が分断されるのでサイコロ型につなげられる世界地図をつくったり。魚眼レンズで見たような方位図法の地図もその一つで、細部とともに広域とのつながりを全体像として読みとることを狙いとしたという。

方位図法の世界地図では中心から各位置の方位が直線で示される。これを見れば、建築軸の意味が分かる。長崎から指で追っていくと、その先にあるのは……やはりそうだ。フランス。

おそらく吉阪は長崎からはるかフランスへと至る吉阪－コルビュジエ・ラインを設定したのだ。その後、ライン上に建てられた建築は、それに無意識に反応してしまった。だから、長崎港ターミナルビルは、コルビュジエがインドで建てたチャンディガール議事堂の塔を寸詰まりにしたような、斜めに切られた円形のトップライトを頂いているし、長崎県美術館には吉阪作品のベネチア・ビエンナーレ日本館で展示設計を手掛けた縁のある隈研吾が設計者に選ばれたのだ。そんなふうに思えてくる。

海星学園中央館は敷地条件から設計されたとされている。しかし、設計者の視線は遠く世界へと向かっていたのである。

長崎は坂の町だ。
海星学園も「オランダ坂」と呼ばれる急坂を上った所にある。

オランダ坂から見た外観（西側）は、階段室上部から見下ろすマリア像が印象的。でも、それほどインパクトはない。知らなければ、見すごしてしまいそう。

しかし、校内に入り、東側のブリッジから見下ろすと、印象は一変する。

庇によって水平性を強調したデザインは、長崎港に向かって飛び出すかのような躍動感がある。

吉阪隆正（1917-1980）は30代前半、ル・コルビュジエのアトリエに勤務した。
この海星学園中央館は、帰国後初の本格的建築。コルビュジエっぽいディテールがあちこちに見られる。

吉阪隆正

一見しただけで、ただ者でないとわかる風ぼう。まるで仙人…。

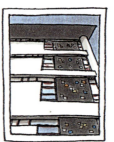
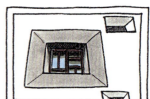

北側外壁見上げ　　西側の開口部（廊下のつきあたり）

| 復興期 1945-1955 | 葛藤期 1956-1960 | 飛躍期 1961-1964 | 117

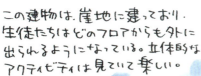

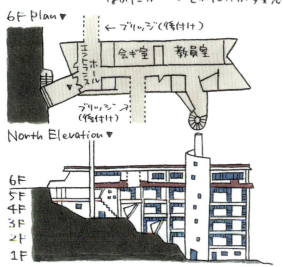

118　Japanese Modern Architecture 1945-64　　　　　　　　　　　　　　　　　　　　No.21

• 昭和33年 •
1958

虚なる中心の柱

白井晟一

善照寺本堂

所在地：東京都台東区西浅草1-4-15｜交通：東京メトロ銀座線田原町駅から徒歩3分
構造：RC造｜階数：地上1階｜延べ面積：229m²
初出：2017年2月23日号

東京都

今も多くの観光客でにぎわう東京・浅草の浅草寺。そこから国際通りを挟んで西側が西浅草と呼ばれるエリアだ。

この辺りにもお寺が密集している。その建物は鉄筋コンクリート造が多い。これには理由がある。

1945年の東京大空襲で、この一帯の建物はほとんどが焼き払われてしまったが、浄土真宗東本願寺派の本山である東本願寺だけは残っていた。実は関東大震災によって焼失した建物を、鉄筋コンクリート造で建て替えたものだったのだ。これを見れば、火災に強い鉄筋コンクリート造で建て替えようと寺が考えるのも道理だろう。

建築家、白井晟一の代表作のひとつである善照寺の本堂も、そのようにして建てられたと推察される。

敷地は、東本願寺の門前に延びる道から、さらに分かれて延びる短い参道の奥である。この道は両脇を建物に挟まれて、とても狭い。案内の表示がなければ、気付かずに前を通り過ぎてしまいそうなほどだ。

後に白井が設計する親和銀行本店(1969年)も、商店街のアーケードにファサードを半ば隠されたような格好で立っているが、ファサードの見え方において、この作品もまた恵まれてはいない。正対して見ることを要求しているようなファサードを持ってい

るだけに、実際に訪れるとまず感じるのは、「こんなところにあったのか」という意外性だ。

古さと新しさの両方を否定

参道を進んでいくと、左右対称に軒を出した切妻の立面全体が見えてくる。建築評論家の長谷川堯は、白井の1950年代を「切妻の時代」と呼んだ(『建築の出自』鹿島出版会、2008年)。確かにこの頃の作品には、秋ノ宮村役場(移築後は稲住温泉友誼館、1951年)、松井田町役場(1956年、74ページ参照)など、切妻のファサードが多い。この本堂もそのひとつだ。

下部にはキャンチレバーで支えられた回廊がぐるりと巡る。その高さまで中央の石の階段を上がって、アルコーブ脇の扉を開けると、本堂の中へと至る。

内部は、内陣と外陣がわずかな段差で区切られただけの一室空間で、2列の柱が屋根形をそのまま現した天井を支えている。

外観も内部空間も、至ってシンプルだ。白井建築にしばしば見られるアクの強い材料の使用も見られない。その辺りが、白井作品の中でも、特に多くの人からこの建物が支持されている理由だろう。

白井自身は「仏教と建築」(『世界建築全集』1960年)というエッセイで、「手のこんだ斗栱や虹梁に飾

A 石の階段を上がり、正面から中へと入る。キャンチレバーの回廊が建物の周りに取り付く｜**B** 回廊の手すり｜**C** 内部には八角形の柱が2列に並んでいる｜**D** 内部を南向きに見る。柱の表面は漆製法のポリウレタンが塗布された鉄板で覆われている｜**E** 内陣の天蓋とそれを支える八角形の柱｜**F** 玄関のアルコーブ部を内側から見る｜**G** 壁に取り付けられた照明のグリル

られた荘厳な寺院」と、「コンクリートの近代技術を誇る」構造表現主義的な仏教建築をともに批判している。古さと新しさの両方を否定し、その間にある細道を進んで浮かび上がってきたのがこの建築なのである。

中央に「1本の太い柱」

先に「切妻の時代」の代表作としてこの作品を位置付けたが、他の切妻作品と違う点もある。

秋ノ宮と松井田のファサードでは、妻側に列柱が並ぶ。柱の数は奇数で、真ん中に柱が立っている。

善照寺に列柱はない。両隅に黒い柱形が見えるが、これは外から貼ったもの。構造的には無用の装飾である。切妻のファサードには柱がないと格好が付かない、そんなふうに白井は考えたのかもしれない。

両脇には仮想の柱を立てた。では中央はどうだろう。

これを考察するために、白井が1950年代に設計したもうひとつの「寺」を参照しよう。「Temple Atomic Catastrophes」、日本語で「原爆堂」と呼ばれているこの計画（1955年）は、画家の丸木位里と丸木俊が、原子爆弾で被災した広島の惨状を描いた「原爆の図」に感化された白井が、それを

展示する施設を自発的に設計したものだ。実現はしなかったが、白井の重要作品として、しばしば取り上げられる。

建物は本館と別館の2棟から成り、本館は宙に浮く正方形平面の箱の真ん中を、1本の太い円柱が貫いたような格好をしていた。

1本の太い柱というモチーフは、その後、白井作品の中で肥大化していき、ノアビル（1974年）では建物全体がひとつの柱として立ち上がる形で実現する。渋谷区立松濤美術館（1980年）には、楕円形平面の中庭が真ん中に配されているが、これもまた、外と内が裏返った柱と捉えられなくはない。

そう考えれば、善照寺本堂においても、やはりファサードの真ん中に柱があると解釈すべきなのではないか。ここでの柱とは、ガラスで囲まれた玄関部である。外側からは単なるアルコーブだが、内側から見ると、床から天井までを垂直に貫く反転した柱に見えてくる。

白井建築にはやはり中心に柱がある。そして、それは、時に虚ろな柱である。

「建築巡礼」という連載を10年以上やっていながら、東京都内に、見たことのない建築がけっこう多い。その1つが、この善照寺本堂だ。設計者は"建築界の神秘"(宮沢が命名)、白井晟一。1958年に完成した、白井53歳のときの傑作だ。

建築界の神秘
SEIICHI SHIRAI 1905-83

鉄筋コンクリート造の切妻・平屋の建物の足元に、片持ちの回廊をめぐらせ、全体が浮いているかのように見せている。

日本的でありながらモダニズム的でもある外観。

モダニズム的に見える主因は、回廊のスラブの薄さ。

足元は暗くて、全く見えない。うまいなあ。

それでいて、ひと目で「単なる西洋のマネではない」と思わせる、この手すり（落下防止柵）。

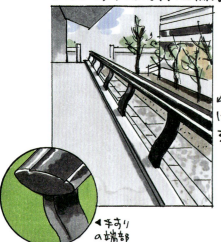

◀手すりの端部

←外観を決定付けているとさえいえる、強い存在感。

竣工時の写真を見▶ると、階段に手すりはなく、さらに回廊が強調されて見える。

さあ、いよいよ室内へ。

| 復興期 1945–1955 | 葛藤期 1956–1960 | 飛躍期 1961–1964 |

心臓の高鳴りを抑えつつ、室内に足を踏み入れると…。おお、意外に明るい！居心地がいい…。

「白井晟一」＝「最小限の開口部」という後年のイメージとはかなり違う。

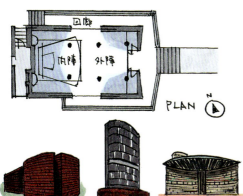

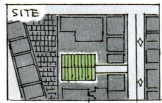

それは、この建物の立地が関係しているのではないか。おそらく白井は現実世界との"隔絶"のために、暗い空間を好んだ。しかしこの寺は、住宅街の旗ざお地にある。

◀表通りから見ると、こんな感じ。何もしなくても隔絶感は十分。この状況で「闇」をつくるよりは、光あふれる「浄土の空間」をつくろうと考えたのでは？

白井先生、本当の所、どうなんでしょ？

Japanese Modern Architecture 1945-64　　No.22

● 昭和33年 ●
1958

システムから生まれた伝統美

丹下健三研究室

香川県庁舎 [現・東館]

所在地：高松市番町4-1-10 ｜ 交通：JR高松駅から徒歩20分
構造：RC造 ｜ 階数：地上9階（塔屋3階）｜ 延べ面積：1万1871m²
初出：2017年5月25日号

香川県

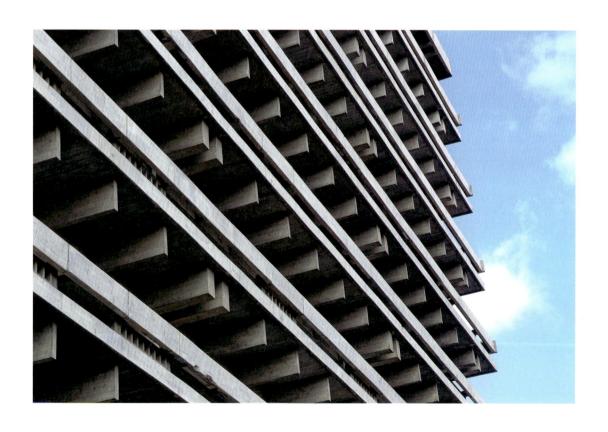

「うどん県」として有名になった香川県だが、キャッチフレーズは「それだけじゃない」と続いている。2016年のプロモーションでは、「アート県」であることをうたい、県内の美術館やアート・イベントなどを紹介する。そのPRムービーで最初に取り上げられるのが、この県庁舎である。

県庁舎に文化的な価値が認められていることは、ガイドツアーを実施していることにも現れている。これは5〜20人のグループで予約すると、庁舎の主要な見どころを案内付きで回れるというもの（耐震改修工事のため2017年8月からは一時休止）。案内は営繕部などの職員が行っている。ツアーには建築関係者のみならず幅広い人たちが、全国各地から参加しているそうだ。戦後に建てられた現役の庁舎が観光資源になっている例は、全国でも珍しい。

香川県庁舎は1958年、丹下健三の設計で竣工した。もともとはこれが本館だったが、2000年に地上22階建ての新本館が、同じく丹下の設計で隣に完成したため、現在では東館と呼ばれている。

東館は高層棟と低層棟の2つから成る。2階に県民ホールを収めた低層棟は、前面道路に沿って南北に長く延びる。1階をピロティとして全面的に開放したところが特徴で、県庁に人を引き寄せる仕掛けとなっている。戦後の民主主義を体現し

た、新しい庁舎の在り方がここにある。

一方、執務室を収めた高層棟は、正方形の平面を採った8階建ての建物だ。外観を眺めると、各階でベランダが四周を巡っている。それを支える小梁は細かいピッチで並び、木造屋根の軒先に現れる垂木のよう。手すりも勾欄に見えてくる。鉄筋コンクリート造のモダニズムでありながらも、日本の伝統木造の美しさを併せ持った建築として、香川県庁舎は高く評価された。

屋根を架けずに「和風」を実現

日本の伝統建築とモダニズムの融合といえば、太平洋戦争前の公共建築では、上に入母屋の屋根を載せた、いわゆる帝冠様式がはやった。これが戦後には、国粋主義をあおったものとして戦争責任論と結び付けられる。建築家にとっては思い出したくない記憶だった。

そんな時代に現れた香川県庁舎は、誰の目にも分かりやすい「和風」を、屋根を架けずに実現させている。これを見た建築家たちは、トラウマから抜け出たような開放感を味わったのではなかろうか。

しかしこのときの丹下には、伝統よりもさらに重大な設計上のテーマがあった。それはコア・システムとモデュロールだ。

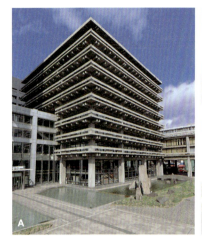

A モダニズムの建築でありながら日本の伝統建築をもイメージさせる高層棟｜**B** 県庁通りに沿って低く延びる低層棟｜**C** 低層棟のピロティは通りとつながり、人を引き込む｜**D** 高層棟の塔屋に付いた階段。ル・コルビュジエからの影響が見られる。屋上は現在、非公開となっている｜**E** 南庭に面したロビー。画家の猪熊弦一郎による陶板壁画が空間を彩る｜**F** 柱の溝部には縦どいを仕込んでいる｜**G** 高層棟の四周を巡るベランダ

復興期 1945–1955　　葛藤期 1956–1960　　飛躍期 1961–1964

コア・システムは、階段、エレベーター、水回り、設備シャフトなどを集めて配置し、これに構造を負担させる方法。丹下は旧東京都庁舎（1957年）でこれを採り入れ、執務室を邪魔な柱や壁がなく自由に使える無限定空間として実現させた。香川県庁舎の高層棟では、これを極限にまで単純化、3×3の柱間による正方形平面の中央1マスをコアに充てたのだった。

モジュロールのシステムを徹底

モジュロールは、ル・コルビュジエが開発した寸法のルールで、人間の身長と黄金比から、数列を導き出している。これを用いることにより、機能的で美しい空間がつくれるとした。

1950年代の丹下は、一作ごとに寸法を調整しながら、この手法を使った。香川県庁舎の内部を歩くと、床、天井、サッシなどの線がぴたりとそろっているのが分かるが、モジュロールが生かされた結果だ。外観に現れたベランダの小梁も、実は天井のグリッドが外へと延長したものにすぎない。

コア・システムとモジュロールのシステムを徹底することによって、香川県庁舎は公倍数のような建築になった。それは極めて明快である。一方で、これはまねしやすい建築となったきらいもある。

実際、香川県庁舎ができた後、これに似た庁舎が日本各地で建てられていく。美しさでは及ばないものの、四周にベランダを巡らせる手法は、庁舎のひとつのスタイルとして定着する。

そして丹下はというと、この方向をあっさりと捨てて、すぐに別の道へと向かってしまうのだった。次に手掛ける倉敷市庁舎（1960年、154ページ参照）は、太い梁と厚い壁が特徴で、香川県庁舎の明快さとは真逆の、土俗的な雰囲気すら抱かせる不明瞭な建築だ。この頃の丹下にとって、誰にでもできる洗練された美よりも、自分にしかつくれない新しい美しさの創造に関心があったのだろう。

香川県庁舎は、100点満点の模範解答だからこそ、丹下本人にとっては乗り越えの対象となった。しかしこれを利用する県民や、我々のような全国の建築愛好者にとっては、最高の作品であり続ける。「うどん県」でもあり「建築県」でもある香川のシンボルとして、これからも愛されていくに違いない。

この連載は初めて訪れる建築が多いのだが、この香川県庁舎(現·東館)は10回くらい来たことがある。宮沢の好きな丹下建築ベスト5の1つ。何度見ても素晴らしい。見る度に発見がある。

ちなみに、残り4つは…　国立代々木競技場('64)／東京カテドラル('64)／山梨文化会館('66)／赤坂プリンスホテル('82)現存せず

本館/22階 2000年
東館·高層棟 8階/1958年
東館·低層棟 3階/1958年

今回は県庁営繕課職員の案内もあり、新たな発見がいくつもあった。その1つが、ロビーの床石の割り付け。

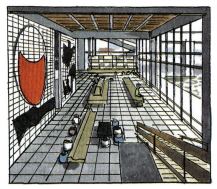

建物全体が1.8mのモジュールで構成されていることは有名だが、床石は6枚1組で1.8m角だった。これは気付かない…。

開口部のスチールサッシは足元が10cmほど浮いている。これにより雨による傷みが少ないという。

基準階の
バルコニーにも
入らせてもらった。

小梁、薄っ！
(11.4cm)

ここでもサッシの足元に
注目。現在は室内が
OA床になっていて見え
なくなっているが、当初
はここも足元がガラス
張りだった。

柱も「なるほど度」→
高い！凹形の断面
にして雨どいを抱き
込んでいる。だから
スリムに見えるのか。

一般の人はバルコニーに出られ
ないので、代わりに低層棟の
屋上（地上7階）から見上げてみ
よう。庇や手すりが間近に見える。

◀室内
そもそも、サッシがほぼ当初のスチ
ールのままなのが驚きだ。おそら
く庇の出が大きいためだろう。
職員いわく「サッシが雨で漏れ
ることはほとんどない」とのこと。
すごい。

海！

役得で申し訳ないが、屋上
にも上らせてもらった。塔屋
から北を見ると、ビルの谷
間にかすかに海が！！
海は超高層の本館からも見
えるけど、やはり竣工時と同じ高
さの海はいい。免震改修が終わっ
たら、ここもぜひ一般公開してほしい！

現・東館の免震化工事は2019年12月までの予定

No.23

・昭和33年・
1958

寄り道

東京工業大学創立70周年記念講堂
建築はコストではない

初出：本書のための描き下ろし
構造：RC造・S造　階数：地上2階　延べ面積：5180m²
所在地：東京都目黒区大岡山2-12-1　交通：東急大井町線・目黒線大岡山駅から徒歩3分

東京都

谷口吉郎

南側は今で言う「ダブルスキン」。竣工時にはダブルスキン内に可動シャッターが上下し、遮光する仕組みだった。2013年、登録有形文化財に

| 復興期 1945–1955 | 葛藤期 1956–1960 | 飛躍期 1961–1964 |

「建築はコストではない―」。
谷口吉郎の藤村記念堂(1947年)は、何もない「間」が心を打つ建築だった。この東工大70周年記念講堂も、ローコストゆえのシンプルさが心を打つ。

外壁は、コンクリートもち放しと、テラコッタ、ガラス、スチール(サッシ)の4素材のみ。コストダウンのためであろう。北面は「裏」扱いだ。

緑が育って分かりにくくなっているが、外観はほぼ竣工時のまま。

ホール内は、北側の壁が板張りで、南側はグラフィカルな木製格子。現在は、カーテンで暗転したままだが…

特別に一部を開けてもらうと、キャーッなんてきれい!
すりガラスから差し込む光が、切り絵のようなシルエットを浮かび上がらせる。

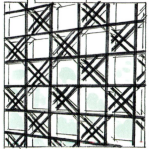

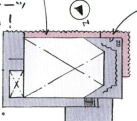

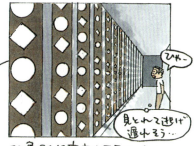

印象的な穴あきテラコッタの内側には、東方用の避難路だった!

1958 昭和33年 寄り道

ステンドグラスから海を見通す

片岡献

聖クララ教会 [カトリック与那原教会]

所在地:沖縄県島尻郡与那原町字与那原3090-4 | 交通:那覇空港から車で30分
構造:RC造 | 初出:2006年「昭和モダン建築巡礼 西日本編」

― 沖縄県

中城湾に面した丘の上に立つ。在日米陸軍に所属していた片岡献が米国の設計事務所SOMの協力を得て設計したとされる

| 復興期 1945–1955 | 葛藤期 1956–1960 | 飛躍期 1961–1964 |

教会建築はかなりの数見た
けれど、この「聖クララ教会」
は、今まで見たどの教会とも違う。

海を見下ろす
丘の上に立つ。

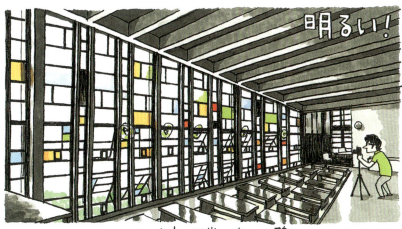

明るい！

▲礼拝堂の南北の壁はガラス張り。

◀扇風機も
彩りを
添える。

色鮮やか

風が
抜ける

▲海風が
中庭に吹き
抜ける。

床が
タタミ

丘の上にトドマットのベンチ。なんてカジュアル!!

教会のセオリーを
無視したような空間。
しかし、教会らしい荘厳さが
ないかというと、そんなことはない。

まるで空間全体が光のオーラ
に包まれているかのよう。

「神秘性＝暗さ」ではない。

ここには、ヨーロッパ型とは違う教会建築の仕方が示されている。環境建築としてもかなりハイレベル。これを設計した片岡献って、何者??

1959 洪水の記憶

昭和34年

羽島市庁舎

坂倉準三建築研究所

所在地：岐阜県羽島市竹鼻町55｜交通：名鉄竹鼻線羽島市役所前駅から徒歩10分
構造：RC造｜階数：地上4階｜延べ面積：4626m²
初出：2006年10月23日号

復興期 1945-1955　葛藤期 1956-1960　飛躍期 1961-1964　　　　　　　　　　　　　　　　　　　135

今回の巡礼地は岐阜県の羽島市である。お目当ての建物は坂倉準三が設計した羽島市庁舎[1]。羽島市は坂倉の故郷でもある。坂倉はこの町の有名な造り酒屋の四男として生まれ、この地で育っている。それが縁となって、この庁舎の設計も任されたというわけだ。

この建物の大きな特徴は、スロープの存在にある。スロープがあるのは2カ所。ひとつはY字形のアプローチ動線で、これが南北両側から2階のメインエントランスへとつながっている。もうひとつは望楼側に独立して設けられたスロープ。こちらは2階から4階までを結んでいる。池に向かって飛び出して行き、折り返して戻るという動線で、取材でここを歩いた時には、少しわくわくさせられた。

坂倉がスロープを採り入れたのはここが初めてではない。建築家としてのデビュー作であり、パビリオンのコンテストでグランプリの栄冠を得たパリ万博日本館（1937年）で、すでに展示スペースをスロープで巡る建築を実現していたし、その後もレオナルド・ダ・ビンチ展の展示設計（1942年）や、高島屋和歌山支店（1948年）などでスロープを用いた設計を行っている。坂倉にとってスロープというデザイン要素は、自家薬籠中のものになっていたと言えるだろう。

モダン建築巡礼でこれまで取材してきた建物に

はバリアフリーの面から問題のあるものも少なくない。それを解決するために無理矢理、スロープやエレベーターを後から増設した例をいくつも見てきた。それに対してこの庁舎は、50年以上も前に建てられたにもかかわらず、すべての階に車いすでアクセスできるようになっている。そのおかげか、この庁舎には今もってエレベーターがない。

しかし、坂倉がスロープを導入したのはバリアフリーだけが目的ではなかっただろう。おそらく明快で視覚的にもダイナミックな動線をつくりあげるところに主眼が置かれていたはずだ。でもそれだけが狙いなら、望楼側のスロープだけで十分な気もする。もうひとつのスロープを上がって、2階から建物に入らなければならない理由は何だったのか。

「輪中」の暮らしのなかから

建物の中を歩き回っているうちに、羽島市庁舎の竣工当時の空撮写真が飾ってあるのに気付く。それを見ると庁舎の周りは現在のような建てこんだ市街ではなく、巨大な蓮田になっていた。現庁舎も建物の周りを池が巡っているが、当時の写真ではそのはるか外まで水面で覆われている。まるで洪水の後のようだ。そこに庁舎がぽつんと建っている。

これを見て、なるほどそうだったのか、と思い付く。

[1]——現庁舎の南側に、佐藤総合計画・アートジャパンナガヤ設計・川崎建築設計室 JVの設計により新庁舎の計画が進んでいる。2019年7月にまとまった実施設計では、「本庁舎（現庁舎）の池や緑豊かな庭を活かしたあたらしい広場」を設けるとしている

136　Japanese Modern Architecture 1945-64　　　　　　　　　　　　　　　　　　　　　　　　　　No.25

A 池に面した南側のファサード│**B** 南側のアプローチ・スロープ。車で2階に上がって反対側へと抜けられる。高さ30mの望楼は、消防用の火の見やぐらとして建てられたもの│**C** 東側のスロープを見る。現在は、可動式の柵が置かれて一般の人は上がれないようになっている│**D** 4階の議事堂内部。天井が曲面│**E** 2階のエントランス・ホールを見下ろす。メーンの入り口は2階にある│**F** 北側のアプローチ・スロープに接して立つ中庁舎。もともとは消防庁舎として1965年に完成したもの│**G** 西側に隣接して立つ勤労青少年ホーム。坂倉の設計で1964年に完成した（現在は閉館）

羽島市は木曾川と長良川に挟まれた位置にあり、昔から水害にさいなまれてきた。そのため、このあたりの地域では堤防を築いて集落全体を囲む「輪中」の方式が採り入れられた。さらに、その内側にある屋敷では、土を盛って高くしたところに「水屋」と呼ばれる離れを建てることも知られている。堤防が破れて水が入ってきた時には、この水屋が避難場所となり、食糧の保管庫にもなるというわけだ。

坂倉準三も、そうした輪中地域で青春時代を過ごした。そうするうちに、洪水のなかで水屋の建物だけがぽつりぽつりと水の上に立っている、そんな光景が記憶のなかに焼き付けられたのではないか。

周りに池を配し、2階をメーンエントランスとした羽島市庁舎には、そうした水に浸された建物のイメージが投影されている——そんな推測が働いたのであった。

水 上 の 建 築 に 対 す る 志 向

そう考えてみると、坂倉の代表作である神奈川県立近代美術館(1951年、44ページ参照)でも、2階にエントランスがあったことに思い至る。しかも建物は細い柱に支えられ、池に張り出している。まるで水の上に立っているような建築である。

おそらく坂倉は、水上の建築というイメージに取りつかれていたのだ。戦前に手掛けていた新京南湖ボートハウスという計画案も水際にデッキを突き出させた設計だったし、死の直前まで力を入れて取り組んでいたというタイの教育施設(1970年)も、これまた全体が池の上に立っているような建物である。

こうした志向は、坂倉の没後も事務所の所員たちに受け継がれた。池に囲まれブリッジを渡ってアプローチする宮崎県総合青少年センター・青島少年自然の家(1975年)や、建物の一部を海底油田の掘削基地のような形で海に突き出させた大阪府青少年海洋センター(1975年)などは、まさに水上の建築というにふさわしい。

フランク・ロイド・ライトの落水荘、ルイス・カーンのバングラデシュ国会議事堂など、水の上に浮かぶようにつくられた名建築はいくつも思い浮かぶ。日本でも安藤忠雄や谷口吉生が、水を大胆に採り入れた設計をするが、そうした水の建築家の系譜に先立って存在したのが、坂倉だったと言えるだろう。

取材を終えてから駅までの帰り道、坂倉の生家である造り酒屋「千代菊」に立ち寄った。立派な店構えの入り口をくぐると、店員さんがお酒の試飲を薦めてくれる。お言葉に甘えて頂戴すると、これが実にうまい。「水どころは酒どころ」、そんなフレーズが頭に浮かぶ。宮沢記者と2人、おみやげに1本ずつ買って帰ったことは言うまでもない。

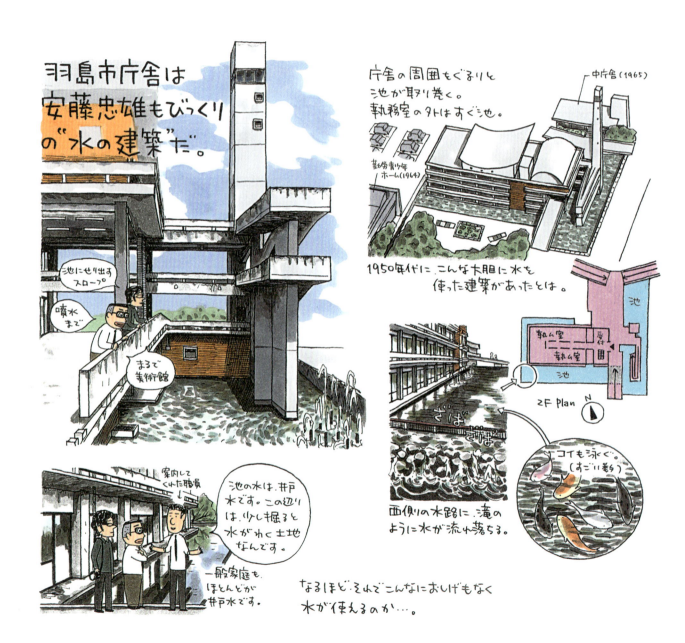

復興期 1945–1955 | 葛藤期 1956–1960 | 飛躍期 1961–1964　　　　　　　　　　　139

坂倉準三は水のように変幻自在な建築家だ

設計者の坂倉準三はこの町の出身。実家は地元の坂倉酒造場（現「千代菊」）。

坂倉準三
(1901-69)
東京大学文学部卒業後、渡仏し、ル・コルビュジエに学ぶ。パリ万博日本館(37)でグランプリをとり、脚光を浴びる。

実は、連載では取り上げていないが、旅の途中、坂倉の建築をいくつか"寄り道"して見に行っている。

煙突ではなく、望楼

この羽島市庁舎も、全体としては旅館（もしくは銭湯）を思わせる和風プロポーションでありながら…

望楼から見下ろす

和風とは対極にある ⌒⌒ こんな、すっとんきょうな形の屋根が載っていたり…

市村記念体育館

ガメラ

これが「神奈川県立近代美術館」(1951)を設計したのと同じ人なのか？

箕面観光ホテル

ストライクゾーンの広さに驚くというか、笑ってしまう、というか。

師・コルビュジエを思わせるポツ窓があったり。

4階の議場

きっと、水に恵まれた土地に育ったから、ひとつの型にこだわらない大人に育ったのだろう。粋だね、ジュンゾー。

No.26

・昭和34年・
1959

伝統と近代がぶつかる屋根

村野・森建築事務所

都ホテル佳水園 [現・ウェスティン都ホテル京都佳水園]

所在地:京都市東山区粟田口華頂町1｜交通:地下鉄東西線蹴上駅から徒歩2分
階数:地上2階｜初出:2017年4月13日号

京都府

復興期 1945–1955 　葛藤期 1956–1960 　飛躍期 1961–1964

本館1階のフロントでチェックインを済ませると、客室案内係に導かれてエレベーターへ乗り込む。押されたボタンは「7階」。初めて泊まる外国人なら、不安を覚えて話しかけるところだろう。「いやいや自分が泊まるのは佳水園ですよ」。写真で見た建物は庭園に面して平屋で立つ和風建築だった。それが地上7階もの高さにあるとは、思いもよらないからだ。

実はウェスティン都ホテル京都があるのは急勾配の斜面地。複数の建物が高低差を利用してつながっている。主要な棟はいずれも村野藤吾が設計したものだが、モダニズムと日本の数寄屋建築の美しさを統合した傑作として、特に名高いのが別館の佳水園である。

エレベーターを7階で降り、客室に挟まれた中廊下を進んでいくと、地上部へ出る。小道を少し歩くと、檜皮ぶきの屋根が架かった門が見えてくる。

まず目が行くのは白砂敷きの庭だ。中央には芝生でひょうたんと杯がかたどられている。これは夫人のアイデアを村野が形にしたとされる。

もともと佳水園の敷地は、内閣総理大臣も務めた清浦奎吾の別荘があったところ。中庭の南側には荒々しい岩の斜面が見えているが、これは清浦邸の庭としてつくられたもので、植治と呼ばれた著名な庭師、7代目小川治兵衛の息子、小川白楊

が1925年に手掛けている。村野はこれを意識して、対比を生み出すように、優しく明快なデザインを採ったと推察される。

この中庭を囲むように建物は立っている。玄関を入ると、カーペット敷きのロビーで、靴履きのまま建物内へと入る。客室内は畳敷きで、靴はそこで脱ぐようになっている。旅館とホテルを混ぜたやり方だ。

全部で20室の客室は、すべて間取りが異なるという凝りよう。浴室には建築家のフィリップ・ジョンソンも感激したらしいヒノキの浴槽が置かれている。

早過ぎたポストモダニスト

外観を特徴付けているのは、雁行しながら幾重にも重なる銅板の屋根だ。その勾配は2寸5分と緩く、その先端はカミソリの刃のようにとがっている。

この驚異的な薄さを実現するために、村野はアクロバチックな方法を採った。裏側を鉄骨で補強したのだ。日本の伝統木造の美をたたえた建築に見えるが、その実体は鉄骨という近代技術とのハイブリッド・デザインなのである。

こうした手法は、構造や機能をそのまま形に表すことを目指した正統的なモダニズムからすれば、不誠実なデザインと難じられかねない。しかし村野

A 檜皮ぶきの屋根が架かった門は著名な大工棟梁、中村外二によるもの | B 客室廊下に囲まれた中庭は村野藤吾によるデザイン。白砂の中にひょうたんと杯の島 | C 玄関前のポーチから中庭を透かし見る。薄い屋根は鉄板で補強、妻側端部で屋根を折り曲げる「箕甲」の手法も採用している | D カミソリのような薄い屋根が連なる | E 玄関を内側から見る。靴履きのまま入る | F 中庭を眺めるロビー | G 客室の内部 | H 前室のブラケット照明

は、恐れることなくこれを断行した。

これに関連して、日本の現代建築を研究しているイリノイ大学教授のボトンド・ボグナーが面白い指摘をしている。村野藤吾とフランク・ロイド・ライトがよく似ているというのだ（『Togo Murano: Master Architect of Japan』Botond Bognar, Rizzoli, 1996）。

幾つもの類似点が挙げられる。どちらも長生きして、晩年まで建築家として最前線で活躍したこと。プレモダンの時代に建築を修業して、独自にモダニズムを推進したこと。そして材料の大胆な使用法。例えばライトは水平性を強調したロビー邸（1909年）で、長いキャンチレバーの庇をもたせるために、村野と同様に鉄骨の補強を入れている。こうした手法の共通性から、ボグナーはこの2人を早過ぎたポストモダニストとして位置付けている。

琵琶湖疏水のほとりで

木造と鉄骨を組み合わせるような「不純さ」をいとわずに採れることが、村野の優れた建築的資質だった。それとともに、佳水園でこれが採用された背景には、この建物が位置する場所の力も働いていたと推測する。

ウェスティン都ホテル京都があるのは京都の町の東端に位置する蹴上。そこには琵琶湖疏水が

ある。大津から山科を経た水の流れが、トンネルから再び地表に現れるのがここ蹴上なのだ。

疏水は明治期に京都の殖産興業を推進すべく実施された土木事業で、当初は工業用水としての利用を想定したが、水力発電へと使用目的が変わった。その発電所はホテルのすぐ真向かいに立っている。

またホテルの北側には南禅寺の境内が広がり、その中にはアーチ構造の上を水路が走る水路閣もある。木造の寺院建築と赤レンガの構造物の取り合わせは、完成した1888年には奇妙なものに感じられたに違いない。しかし、現在では京都らしい景観としてすっかり認められている。

京都は伝統と近代の技術がせめぎ合いながら発展してきた都市であり、その最前線が蹴上というエリアだった。そこに建てられた佳水園は、水路閣と同様に、京都という都市の在り方を体現しているといえる。

いつもイシさんのひねったタイトルに「やられた」と思っている宮沢。今回は、イラストもタイトル付きで始めたい。

建築巡礼「佳水園」——限りなく透明に近いルーフ

と、勝ち誇ったようなダジャレで始めてしまったが、今回の巡礼地は「佳水園」。村野藤吾の"偏執的"とも思える屋根へのこだわりが発揮された和風建築だ。

ウェスティン都ホテル京都の本館裏手の斜面地（地上7階レベル）にある。1959年完成。現代数寄屋の傑作と評されることも多い。ちなみに、現本館（1960年）も村野の設計だ。
※イラスト左端

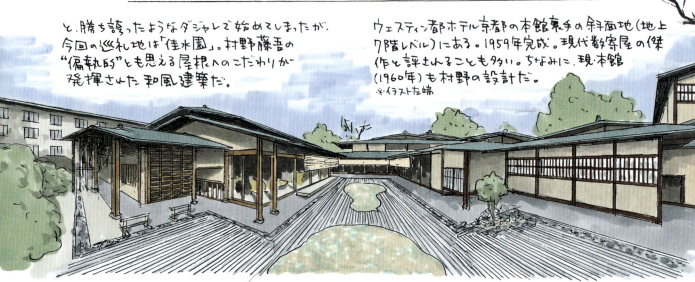

この佳水園、宮沢はてっきり催事などに使う特別な施設だと思っていたが、誰でも泊まれる宿泊施設だった。しかも、普通に出張旅費で泊まれたことにびっくり。（宿泊料は季節、曜日による）

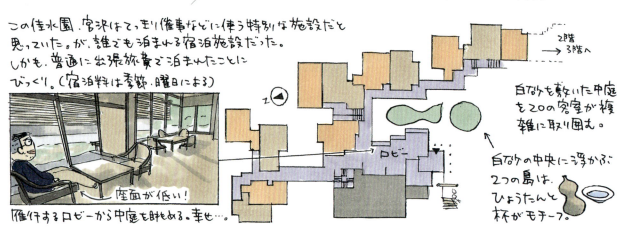

←座面が低い！

催事するロビーから中庭を眺める。幸せ…。

2階→3階へ

ロビー

白ナケを敷いた中庭を20の客室が複雑に取り囲む。

白ナケの中央に浮かぶ2つの島は、ひょうたんと杯がモチーフ。

復興期 1945–1955 | 葛藤期 1956–1960 | 飛躍期 1961–1964

村野藤吾の屋根といえば、平面の複雑な重なりや、有機的な曲面を強調したものが思い浮かぶ。

MURANO'S ROOF LIBRARY
橿原神宮駅(1940) / 大阪新歌舞伎座(1958) / カトリック宝塚教会(1965) / 八ヶ岳美術館(1979) / 新高輪プリンスホテル(1982)

それに対して、この佳水園の屋根は、緩勾配(2寸5分)のうえ、端部に「箕甲(みのこう)」と呼ばれる伝統的な納まりを多用することで、見る者に「軒のライン」しか感じさせない。

箕甲 ← 伝統 / 箕甲

ロビーのある棟の軒裏を見上げて驚いた。

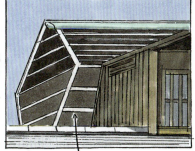

軒裏がスチールで補強されてる！伝統の木造作法から見れば邪道？極限まで薄くしたい村野の執念。

ここでの村野の狙いは「屋根を消す」ことではなく、軒のラインだけを強調することで、逆に「屋根を意識させる」ことだったと思われる。

こんな俯瞰写真がよく知られる佳水園だが、まずは村野の意図をくんで、地上からじっくり堪能することが、村野ファンの心得かも。

146　Japanese Modern Architecture 1945-64　　　　　　　　　　　　　　　　　　　No.27

- 昭和34年 -
1959
寄り道

構想としての「うずまき」
国立西洋美術館

所在地：東京都台東区上野公園7-7｜交通：JR上野駅から徒歩1分
構造：RC造｜階数：地下1階・地上3階｜延べ面積：4399m²
初出：本書のための描き下ろし

ル・コルビュジエ

東京都

工事監理はコルビュジエの3人の弟子、坂倉準三、前川國男、吉阪隆正が担当した。開館20周年の1979年に竣工した新館は、前川國男の設計

復興期 1945-1955 | 葛藤期 1956-1960 | 飛躍期 1961-1964

国立西洋美術館って、どうすごいの？と よく聞かれる。世界遺産だから "世界レベルのいい建築"だと思うの かもしれないが、"まあまあいい建築" くらいに思った方ががっかりしない。

建築史的には、コルビュジエが提 唱した「無限成長美術館」 (うずまきプラン)を実践し たものとして評価されている。
←コルビュジエのイメージ。

でも実際には、体感できる ほどの強いうずまき性は ない。増築された新館 もうずまきではない。

コンセプトはさておき、空間として面白いのは、やはり 中央の吹き抜け(19世紀ホール)だ。十字に交差する梁→ を丸柱で支え、天窓から光を入れ十字を強調する。

使用禁止だけど、 2階にある階段 もかっこいい！ 製品化したいほど の完璧な造形。 これは必見！

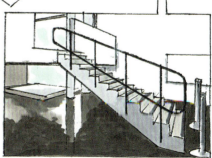

- 昭和35年 -
1960

平安絵巻モダニズム

五島美術館

吉田五十八

所在地：東京都世田谷区上野毛3-9-25｜交通：東急大井町線上野毛駅から徒歩5分
構造：RC造｜階数：地下1階・地上1階(中2階)｜延べ面積：1670m²
初出：2017年10月12日号

東京都

復興期 1945-1955 葛藤期 1956-1960 飛躍期 1961-1964

五島美術館の開館は1960年。東急電鉄の創始者である五島慶太の美術コレクションを保存展示するため、喜寿の記念として建設されたものだが、五島本人は完成を見る前に、病気で亡くなっている。

美術館があるのは東京・世田谷区の上野毛だ。地名の「のげ」とは、崖のこと。その言葉通り、敷地は多摩川に向かって低くなる河岸段丘の縁に位置している。

静かな住宅地の中に、建物はある。門を抜けると、すぐ正面に庇が架かった玄関ポーチ。これを入ると、エントランスホールから大きなガラス面を通して、庭園の景色が目に飛び込んでくる。

この中庭を囲むようにして、左右両側に翼棟が延びる。長い方が展示室1で、短い方が展示室2と3だ。

このうち、展示室2はもともと集会室だったところ。開館50周年を経て、美術館としての機能を現在の水準に引き上げる改修工事が行われた際、展示空間を広げるため、集会室から展示室へと改造したのである（デザイン監修：堀越英嗣ARCHI-TECTS、設計・施工：清水建設）。

なおこの改修において、他のほとんどの箇所は、建物の内外観をできるだけそのまま残すという方針が貫かれた。これにより登録有形文化財への道

が開かれ、既に答申が行われて、正式登録を待つばかりとなっている[1]。

設計には寝殿造りを参照

原設計者は吉田五十八である。主に住宅や料亭などの設計で、和風建築を現代の材料や工法を用いてつくる、新興数寄屋と呼ばれるスタイルを確立して一世を風靡した。現在、ちまたで見られる住宅の広告に「和モダン」なる言葉が躍っているが、そのルーツがここにあるともいえる。

東京芸術大学の建築学科で教授を務めていた関係もあってか、吉田の作品には画家の住宅や画室が多い。建て主は横山大観、川合玉堂、鏑木清方、小林古径、梅原龍三郎、山口蓬春、伊東深水など、明治から昭和にかけて活躍した日本を代表する画家たちである。そうした付き合いの延長で、美術館の設計も依頼されたのだろう。

吉田は五島美術館のほか、大和文華館（奈良市、1960年）、玉堂美術館（東京都青梅市、61年）と、生涯で3つの美術館を設計した。これらのうち、最初にできたのがこの五島美術館だ。

設計で参照元になったのは、明らかに寝殿造りである。先に手掛けた日本芸術院会館（58年）においても、吉田はやはり京都御所の紫宸殿を引用し

[1]——2017年に正式登録された

A 前面道路から正面玄関を見る│**B** 前庭から見た玄関。その左側は1988年に増築された部分│**C** エントランスホール。右側に受付とショップがあり、左側には中庭が広がる│**D** ガラス扉のハンドルはオリジナルデザインそのままにつくり直されたもの│**E** 展示室1。展示ケースは当初のプロポーションにならいながらも現在、要求される性能を充たすよう刷新されている│**F** 展示室2。当初は集会室だった部屋を展示室に替えた│**G** ステンレスパイプを並べたルーバーは御簾(みす)を連想させる│**H** 中庭へ下りていく階段。寝殿造りの建物を思わせる

ている。吉田は平安期の建築が好みだったのだ。「飛鳥、奈良、平安、足利という工合にずっと調べてくると、平安朝にいちばん近代味があるんですよ。万事が今の人にぴったりする」と書き記している（吉田五十八「建築に盛る平安朝」、中公文庫『饒舌抄』収録）。

具体的にどのような形で寝殿造りの特徴が表れているか、見ていこう。

まず外観では、丸柱を出っ張らせて強調し、真壁のように見せている。高床は外側に張り出して、勾欄が付いた回り縁に。そこへ上がるのは正面の階だ。柱の間に設けられたステンレスパイプ製のルーバーは御簾だし、玄関脇のコンクリート・ブロック壁は蔀戸を模したものである。

さらには、左右両側に翼を延ばして庭をコの字形で囲む平面も寝殿造りを思わせるし、エントランスホール、展示室、収蔵庫という空間の連なりも、庇、母屋、塗籠という寝殿造りの構成がモデルとされたとも考えられるだろう。

なぜ屋根を架けなかったのか

しかし謎は残る。寝殿造りの建物をモデルとしているのに、この建物には屋根がない。建物上部がスパッと切り取られ、無造作に平らな板で押さえ

られているような格好なのだ。

もちろん、陸屋根はモダニズムの特徴であり、この頃の建築家がこぞって取り組んだ手法ではあるのだが、1950年代に建てられた、日本や東洋の美術を扱う美術館を見ると、箱根美術館（設計：岡田茂吉、1952年）、根津美術館（設計：今井兼次、1954年、現存せず）など、屋根が載っている。それを考えると、和風の建築を追求した吉田ならなおさら、屋根を架ける選択肢があったはずなのである。なぜ、屋根を外したのか。

謎を解くカギは、五島美術館のコレクションにあった。有名な国宝の「源氏物語絵巻」や「紫式部日記絵巻」を所蔵しているのだ。言うまでもなく、寝殿造りの建物を舞台にした絵巻物である。

絵巻物では通常、建物の屋根が描かれない。「吹抜屋台」と呼ばれる、屋根を取り外して見たような内観アクソメの技法が採られている。

この絵巻物のイメージが吉田五十八の頭の中にあって、五島美術館の設計でも、「屋根はなくていい」と考えたのではあるまいか。

平安絵巻とモダニズムの融合、それがこの建築の正体なのである。

敬愛する井上章一氏（文化史家）の著書「つくられた桂離宮神話」は、冒頭、「私には桂離宮の良さがよく分からない」という独白から始まる。その名書き出しに倣うならば…

「私（宮沢）には吉田五十八の良さがよく分からない」

そうなのである。今回はこれまでこの建築巡礼で避けてきた吉田五十八→とまっ向勝負なのだ。目指すは東京・上野毛（世田谷区）の五島美術館。

吉田 五十八
1894－1974
父は、太田胃散の創業者・太田信義。東京美術学校で建築家の岡田信一郎に学ぶ。ちなみに「五十八」の名は、父が58歳のときに生まれたから、とのこと。

これか…初めて見た
良さが分かるのか？

1960年竣工のこの建築、このほど登録文化財となることが内定した。文化庁の選定理由は、「鉄筋コンクリート造による伝統表現を意図し、平安朝の意匠を模す吉田五十八の代表作」―。え、それだけ？もっと詳しく書きましょうよ！これはやはり、自分で良さを発見せねば…。

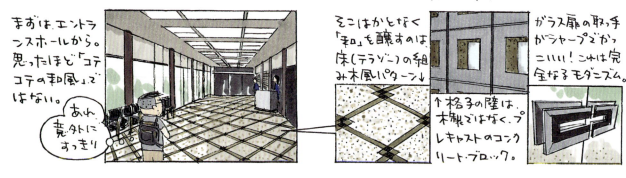

まずはエントランスホールから。思ったほど「コテコテの和風」ではない。

あれ、意外にすっきり

そこはかとなく「和」を醸すのは床（テラゾー）の組み木風パターン↓

↑格子の壁は、木製ではなく、プレキャストのコンクリート・ブロック。

ガラス扉の取っ手がシャープでかっこいい！これは完全なるモダニズム。

| 復興期 1945–1955 | 葛藤期 1956–1960 | 飛躍期 1961–1964 |

建築としての見どころは、西側の庭園から見た外観だろう。東側(道路側)は増築によって竣工時と見え方が変わっているが、西側はほぼそのまま。

凡例：
- 1988年増築
- 2012年

「御簾」に見える部分は、ステンレスパイプ！

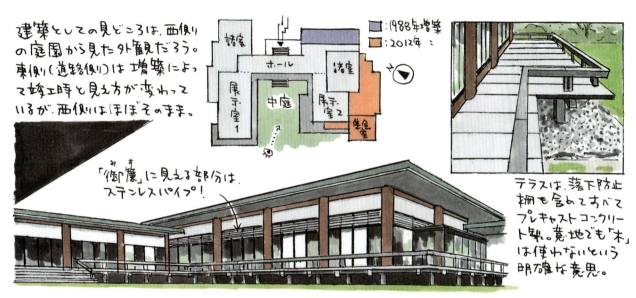

テラスは、落下防止柵も含めてすべてプレキャストコンクリート製。意地でも「木」は使わないという明確な意思。

(似ているようで)
村野藤吾の和風とはかなり違う。村野好きの宮沢は「なぜ軒先をもっと薄くしないの？」「なぜ柱を細くしないの？」と思ってしまう。もしかしたら「あえて太い線で軽く見せる」という狙いなのか？

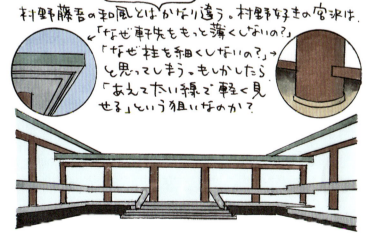

だとしたら、吉田ビギナーには、高度すぎます！

最後に、個人的告白をもう1つ。今では編集長というエラソーな立場にある私だが、実は

「谷口吉郎の良さが分かるのに20年かかった！」

もともと文科系出身なので、谷口吉郎の「やりすぎない美学」が心に響くようになるのに20年。でも今では熱烈な吉郎ファン！

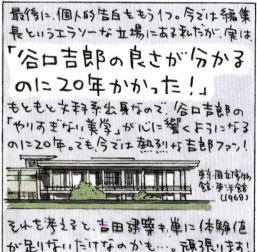

東京国立博物館・東洋館
(1968)

それを考えると、吉田建築も単に体験値が足りないだけなのかも…。頑張ります！

1960 昭和35年 寄り道

倉敷市立美術館 [旧倉敷市庁舎]

柱梁のどっしりとした表現

初出：2006年『昭和モダン建築巡礼 西日本編』
構造：RC造｜階数：地下1階・地上3階｜延べ面積：7244m²
所在地：岡山県倉敷市中央2-6-1｜交通：JR倉敷駅から徒歩10分

岡山県

丹下健三研究室

市庁舎移転後の1983年に、美術館として再オープンした。改修設計は大原美術館分館（168ページ参照）なども設計した浦辺鎮太郎

・昭和35年・ 寄り道
1960

表と裏2つの「日本一階段」

村野・森建築事務所

輸出繊維会館

所在地：大阪市中央区備後町3-4-9 ｜ 交通：大阪メトロ御堂筋線本町駅から徒歩3分
構造：SRC造 ｜ 階数：地下2階・地上8階 ｜ 延べ面積：1万5160m²
初出：本書のための描き下ろし

大阪府

階段だけでなく一見、普通に見える外装もじっくり見てほしい。ガラス開口は石張りと面一（ツライチ）で、四隅が丸くなっている。かっこいい！

復興期 1945-1955 | 葛藤期 1956-1960 | 飛躍期 1961-1964

輸出繊維会館（設計：村野藤吾）には、「日本一の階段」が2つある。（宮沢が勝手に認定）→

1つはよく知られる、エントランスホールの「日本一アーティスティックな階段」だ。

手すりが新体操のリボンのよう！

段裏の切り込みと3次元曲面が美しすぎる！↓

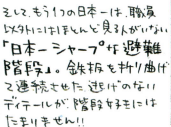

最下段を浮かせて見せるのは基本のキ？

そして、もう1つの日本一は、職員以外にはほとんど見る人がいない「日本一シャープな避難階段」。鉄板を折り曲げて連続させた、逃げのないディテールが、階段好きにはたまりません！！

「大工はハシゴ（階段）と便所」。そんな村野訓が実感できます。

寄り道

キャンパスにアクセント

学習院大学中央教室

所在地：東京都豊島区目白1-5-1
構造：RC造 ｜ 初出：2008年「昭和モダン建築巡礼 東日本編」

前川國男建築設計事務所

東京都

解体

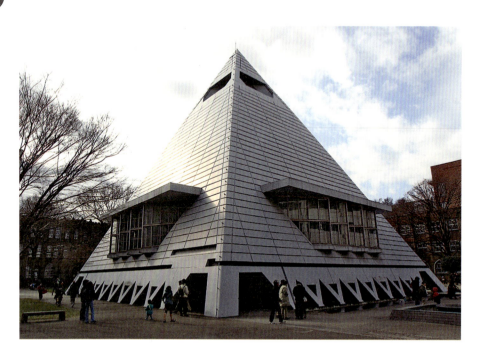

キャンパスの中心にあった通称「ピラミッド校舎」。2008年1月12日、13日にお別れ見学会が開催され、その後、解体された

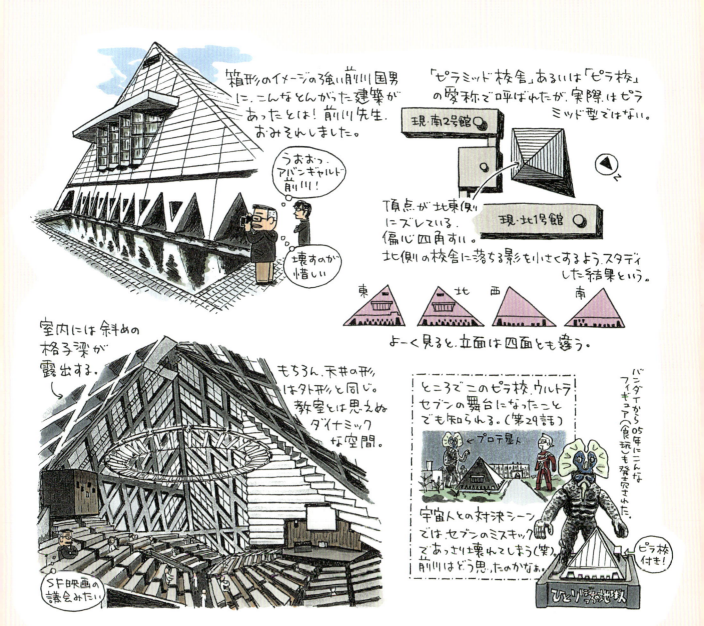

3 飛躍期

1961-1964

高度経済成長は都市人口の急激な増加をもたらし、
それが交通戦争や通勤地獄と称される都市問題を引き起こしていた。
1960年の世界デザイン会議東京開催を機に結成された
メタボリズム・グループは、これに対応した空想的とも言える
新しい都市の形を次々に提案して注目される。
また1964年に開催された東京オリンピックでは、
建築設計界の俊英たちがそれぞれの競技施設を担当。
特に丹下健三による国立代々木競技場は、
五輪を見に訪れた各国の人々から賞賛を受けた。
この時期に日本の建築は、
世界の先端に追いついたと言える。

162	32	群馬音楽センター 1961
168	33	大原美術館分館 1961
174	34	常滑市立陶芸研究所［現・とこなめ陶の森 陶芸研究所］1961————寄り道
176	35	日南市文化センター 1962
182	36	日本26聖人殉教記念施設 1962｜大隈記念館 1966
188	37	小原流家元会館 1962｜豊雲記念館 1970
194	38	江津市庁舎 1962
200	39	アテネ・フランセ 1962
206	40	内之浦宇宙空間観測所 1962
212	41	新制作座文化センター 1963
218	42	日本生命日比谷ビル［日生劇場］1963
224	43	出雲大社庁の舎 1963
230	44	市村記念体育館 1963————寄り道
232	45	東光園 1964
238	46	甲南女子大学 1964
244	47	弘前市民会館 1964
250	48	京都タワービル 1964————寄り道
252	49	武蔵野美術大学アトリエ棟［現・4号館］1964
258	50	駒沢体育館 1964
	51	駒沢陸上競技場 1964
264	52	旧・江の島ヨットハーバークラブハウス 1964

［丹下健三 1964トリロジー］

282	53	東京カテドラル聖マリア大聖堂［カトリック関口教会］1964
284	54	国立代々木競技場［国立屋内総合競技場］1964
286	55	香川県立体育館 1964

1961
昭和36年

遠き山に日は落ちて

群馬音楽センター

アントニン・レーモンド

所在地：群馬県高崎市高松町28-2 ｜ 交通：JR高崎駅から徒歩10分
構造：RC造 ｜ 階数：地下1階・地上2階 ｜ 延べ面積：5936m²
初出：2007年4月23日号

群馬音楽センターを語るには、群馬交響楽団についてまず語らざるを得ない。前身である高崎市民オーケストラは、戦後間もない1945年に始まっている。その2年後にはプロ化を果たすが、練習場は喫茶店の2階で、公演場所は大抵が山奥の小学校。重い楽器を抱えながらの移動音楽教室は苦難の連続だったが、少しずつ支持の輪を広げていく。

1955年、交響楽団の活動は『ここに泉あり』という題で映画化された。それをきっかけとして、音楽ホール建設の機運が盛り上がる。とはいっても、日本で本格的な音楽演奏ができるホールは、ないも同然の時代。それを人口十数万人の地方都市で実現するのは壮大な夢だったが、国や県の助成金を獲得し、さらには市民からの募金を集めて建設費を賄うことにしたのだ。

公共建築はしばしばハコモノとして批判される。しかし問題なのはハコではなく、そこに入れるべき中身がないことなのである。群馬音楽センターをハコモノと難ずる人はいないだろう。それは音楽活動の高まりがまずあって、その延長で建物が建設されたからだ。公共建築のたどるべき幸福なストーリーが、ここにはある。

設立運動の中心となったのは、市民オーケストラの設立者でもあった井上房一郎。建設会社の井上工業で社長を務めるとともに、高崎の文化活動を支えたパトロンとして名高い人物だ。ブルーノ・タウトを工芸研究所顧問として高崎に招いたのも彼である。

井上が音楽ホールの設計者に推薦したのはアントニン・レーモンドだった。レーモンドは1888年、チェコのボヘミア地方に生まれた。若くして米国に渡り、フランク・ロイド・ライトの事務所に入る。帝国ホテルのプロジェクトのために来日し、完成を待たずして独立。日本に残り、建築家として活動するようになった。第二次世界大戦の時には米国へいったん帰るが、終戦後に再び来日。リーダーズ・ダイジェスト東京支社(1951年)など、日本のモダニズム建築を主導する作品を手掛けていた。

完成した音楽ホールは、扇形平面の大空間を鉄筋コンクリートの折板構造でつくり上げたものだった。この構造はホールの内部にも表れており、照明との組み合わせで非常に美しい空間を生み出している。その妙を味わっているときに、ふと疑問がわき上がる。このホールを設計しながら、レーモンドの頭の中ではどんな音楽が鳴っていたのか?

折 板 構 造 を 採 用 し た 理 由

先に触れたとおり、群馬音楽センターを強く印象

A 隣接する高崎市庁舎の21階にある展望ロビーから見下ろす｜**B** 折板構造がそのまま表された鉄筋コンクリートの外壁｜**C** 会議室棟の外観｜**D** ダイナミックな造形美を見せるホワイエの階段｜**E** ホールの内観。折板構造が内部からも分かる。客席と舞台はそのままつながっている｜**F** 2階ホワイエ。取材日には学生設計コンクールの展示が行われていた。壁画はレーモンド夫妻によるフレスコ画｜**G** 1階にあるレーモンドギャラリーでは模型や写真でレーモンドの業績を紹介している

付けているのは鉄筋コンクリートの折板構造である。この建物はスパンが最大で60mもありながら、屋根の厚みはわずか120mmで済んでいる（壁厚は250mm）。こうした合理性から、この構造形式は採用されたと考えられるのだが、折板構造が選ばれた理由はそれだけではない。レーモンドが抱えていた美学に、折板構造はうまくマッチしたのだ。

レーモンドと折板構造を結び付けるカギは、チェコ・キュービズムの建築である。それは1910年代にチェコで起こった運動で、水晶のように角を際立たせながら壁面を構成する前衛的なデザインを特徴としていた。レーモンド作品では初期の東京女子大学寄宿舎（1923年、2007年解体）などでそれらしい手法が見られるが、群馬音楽センターの折板構造もその変奏と言えなくもない。レーモンドは米国時代にライトから強い影響を受けており、その作風から抜け出すのに苦労したと言われているが、同時にチェコの建築とも響き合っていたのだ。そんな名残りが、この建物には見て取れる。

チェコとアメリカ、2つのルーツから

さて、ここでもう1人のアントニンに登場してもらおう。作曲家、アントニン・ドヴォルザークである。レーモンドと同じく、チェコのボヘミア地方出身で、チェコの地域に根差した音楽を追求する国民楽派の代表として知られる。晩年にあたる1892年には、米国の音楽学校に教授として招へいされ、その時に代表作の交響曲第9番「新世界から」を作曲した。この曲はクラシック音楽の中でもとびきりの有名曲で、特に第2楽章は、日本では「遠き山に日は落ちて」の題で歌詞が付けられ、広く歌われている。聞くと条件反射的に家に帰りたくなってしまうあのメロディである。

「新世界から」は、黒人霊歌やアメリカ・インディアンの音楽など、米国の土着音楽を参考にしたともいわれる。その一方でこの曲は、国民楽派たるドヴォルザークが本領を発揮したチェコの民族的な音楽でもある。異国の地で創作することで、逆に故郷であるチェコへの思いが強く表れ、それが音楽となって結晶したのが、この曲なのだ。

チェコとアメリカ。この2つのルーツからドヴォルザークの「新世界から」は出来上がった。そんな成り立ちは、建築家レーモンドの作品と見事に重なり合う。

というわけで、群馬音楽センターを設計していたレーモンドの頭の中には、「遠き山に日は落ちて」のメロディが流れていたのではないかと勝手に推理したのだが、どうだろう。

166　Japanese Modern Architecture 1945-64　　　　　　　　　　　　　　　　No.32

これまで30件近いモダン建築を巡ってきたが、これほど"愛されているオーラ"を発している建物は初めて見た。

建物の状態もいいし、何より、周囲を見わたせば、この街がこのホールを中心に整備されてきたことがよくわかる。

竣工は1961年。

1961年といえば映画『モスラ』が公開された年。

きっと当時の子どもの多くが、**折板構造**の外壁を見て「モスラの幼虫」を思い浮かべたに違いない。

モスラ…

衝撃の写真発見

スタッフから借りた『40年のあゆみ』をめくっていて、大発見。

えっ

信じらんない

時代だなー

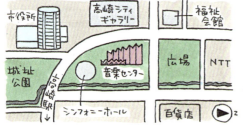

はやく高崎に音楽センターを建てよう

「建てるな」ではない。「建てよう」である。そんな横断幕見たことありますか？

ちなみに、この建物は総工費3億3500万円のうち、1億円が寄附で賄われた。市民待望の施設だった。

● 昭和36年 ●
1961

実現されたユートピア

倉敷レイヨン営繕部（浦辺鎮太郎）

大原美術館分館

所在地：岡山県倉敷市中央1-1-15｜交通：JR倉敷駅から徒歩12分
構造：RC造｜階数：地上1階｜延べ面積：7681m²
初出：2005年12月26日号

岡山県

大原美術館を訪れるのは初めてだった。平日なのに客が多いことに驚く。秋の観光シーズンと重なっていたからとも言えるが、それにしても盛況だ。門をくぐるとまずギリシャ風の建物が迫ってくる。こちらが1930年に完成した薬師寺主計の設計による本館である。

大原美術館は、倉敷の大地主の家に生まれ、倉敷紡績をはじめとするこの地方の数々の企業に携わった実業家、大原孫三郎が画家の児島虎次郎に買い集めさせた絵画を公開する施設として建てられた。エル・グレコ、ゴーギャン、モネ、マティスなどをそろえたコレクションは、当時の日本において一、二を争うもの。オープンしてしばらくは入館者の少なさに頭を悩ませたというが、倉敷が太平洋戦争のときに空襲を免れたのは大原美術館があったからとも伝えられている。

敷地には本館のほか、工芸館、東洋館など、いくつかの建物が立っている。今回、取り上げる分館は敷地の最奥、本館から庭園を挟んで向こう側にある。完成したのは1961年。すでに孫三郎は亡く、やはりクラレの経営者として腕を振るった大原総一郎が事業を受け継いでいた。

分館に展示されているのは、藤島武二、松本竣介ら日本の洋画家の作品。1987年に増築された地下展示室には河原温、宇佐美圭司といった戦後の前衛絵画のほか、現役の若い作家の作品もある。大原美術館と言えば美術の教科書に載っているような「泰西名画」という思い込みがあって、これまで積極的に行こうという気にならなかったのだが、実は新しい美術の動向にも果敢にアプローチしていたのだ。大いに反省させられる。

街とつながるまだらの壁

さて建築について触れよう。庭園を囲んで低く延びる外観は自らを主張するというよりも、庭に置かれた彫刻の背景に徹しているかのようだ。内部はボールト天井のギャラリーが続き、その先に波形天井の大絵画展示室がある。屋根の形は、自然光をうまく採り入れるための工夫だろう。

建物を出て敷地の外側に回ると印象は一変する。外壁はそのまま敷地の境界をつくる塀になっており、素材の組み合わせの妙で豊かな表情を見せている。伊東豊雄設計のまつもと市民芸術館（2004年）を連想させるまだら模様は、プレキャストコンクリートに自然石を打ち込んだものだ。

この「城壁」は開発が進む新市街地から旧市街を守るために構想されたらしい。しかし現地で眺めると、街と美術館を隔ててしまうのではなく、両者をうまくつないでいるように感じられる。街と一緒に

A 庭園に面した分館の入り口まわり｜**B** 玄関ホール。奥には中庭がある｜**C** ロダンやムーアの彫刻が置かれた庭園は無料で開放されている｜**D** 大原美術館の西側に隣接する倉敷国際ホテル｜**E** 倉敷市民会館は白鶴のイメージ｜**F** 大絵画展示室。天井はサインカーブを描いている｜**G** 西絵画展示室。当初はここにオリエント美術が展示されていた｜**H** 丘の上にある倉敷ユースホステル

栄えていこうとの思いが伝わってくるのだ。実際、通りを挟んだ向かい側には土産物屋やギャラリーがオープンし、街歩きを楽しめるようになっている。

　大原美術館分館を設計した浦辺鎮太郎は当時、倉敷レイヨンの営繕部に勤めていた。工場、社員寮、美術館など会社の関連施設を設計していたが、大原総一郎の勧めで建築事務所を立ち上げ、クラレと関連のない建物まで倉敷で手掛けるようになる。ホテル、ユースホステル、病院、市民会館、市庁舎などなど、倉敷の重要な建物はそのほとんどが浦辺の作品だ。丹下健三が設計した旧市庁舎も、浦辺の事務所によって美術館への改築が行われている（154ページ参照）。はっきりと任命されたわけではないが、浦辺は実質上、倉敷のマスターアーキテクトとして人生をまっとうしたわけだ。

隅 櫓 構 想 を 下 敷 き に し て

　倉敷は街並み保存に関しても先駆的だった。1949年には有志による街並み保存団体、倉敷都市美協会が発足。1968年には大原美術館を含む元倉敷のエリアが条例により美観地区に指定された。しかし、倉敷を古い街並みが残っているだけの観光地と捉えるのは一面的に過ぎる。

　大原美術館のパトロンだった総一郎には街づくりに関しても壮大なビジョンがあった。それが隅櫓構想だ。これは鶴形山を中心に美観地区を含む1km四方を、過去と共存しながら未来へと発展していくエリアとして定め、その四隅に重要な建築物を配置するという考え。この構想に合うように、南東端には市民会館、南西端には大原美術館や市庁舎（現・市立美術館）、北東端には中央病院、北西端には駅前再開発が位置する。総一郎にはドイツの城塞都市ローテンブルクのイメージがあったらしいが、これを下敷きに浦辺は街づくりを進めていったのである。

　時代を遡ると、先代の孫三郎は工場労働者のために病院や学校を建設したり、孤児院を支援したり、社会問題研究所を設立したりと、理想主義的な社会改良事業に打ち込んでいた。その思想を受け継いでいる総一郎や浦辺の都市構想に、近代的なユートピアの色合いが混じっていても当然である。ロバート・オーウェンのニュー・ラナークや、シャルル・フーリエのファランステールに連なるユートピア的都市計画の系譜、その日本における数少ない実例として、倉敷は捉えられるべきなのだ。

　そう考えていくと、倉敷駅の北側にチボリ公園（97年）が開業したのも、テーマパークが20世紀後半の消費主義的ユートピアであることを思えば、故なきことではないのである。

浦辺鎮太郎(1909〜91)の出世作である大原美術館分館。

分館は敷地の南側ギリギリに建てられ、外周が城壁のようなデザインになっている。周辺の土産物店に対して"裏"をつくらないという→姿勢は立派。

この屋根の形は一体何で、雨水はどこに流れるの？

「遊んでるなー」...

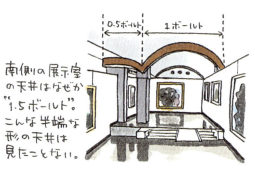

色とりどりの石を打ち込んだコンクリートの壁。上部は白い左官仕上げ。和風を感じさせつつもポップなデザイン。

和風を意識しながらも自由奔放な浦鎮流

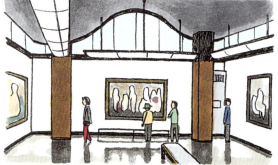

東側の展示室は、波打つ屋根の形がそのまま天井に表れている。ガラスブロックのハイサイドライトから差し込む光が、波打つ天井面を強調する。

南側の展示室の天井はなぜか"1.5ボールト"。こんな半端な形の天井は見たことない。

復興期 1945–1955　葛藤期 1956–1960　飛躍期 1961–1964　　173

美術館周辺には"浦鎮流"がドッサリ

倉敷中央病院(57〜)
リゾートホテルのような
ゴージャスな車寄せに
びっくり。

倉敷国際ホテル(63)
折り重なる屋根
のような外壁が
面白い。

倉敷市民会館(72)
和風のような洋風
のような…。

倉敷アイビースクエア(74)
コンバージョンの先駆け。
浦辺建築にしては抑え気味。

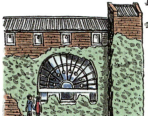

倉敷市庁舎(80)
ここは一体どこの国？
さすがにやりすぎでは？

倉敷市立美術館(83)
丹下健三設計の旧
市庁舎(60)を浦辺
鎮太郎が改修。

154ページ参照

倉敷ユースホステル(65)
大原美術館のスタッフが
教えてくれた穴場スポット。
小さいながら、まぎれもなく
浦鎮流！

これは
レアかも！
来て
よかった

174　Japanese Modern Architecture 1945-64　　　　　　　　　　　　　　　　　　　　No.34

1961 ●昭和36年● 寄り道
永遠にあせない紫モザイク

堀口捨己

常滑市立陶芸研究所 ［現・とこなめ陶の森 陶芸研究所］

所在地:愛知県常滑市奥条7-22 | 交通:名鉄常滑線常滑駅からタクシーで約5分、徒歩約30分
構造:RC造 | 階数:地下1階・地上2階 | 延べ面積:823m²
初出:本書のための描き下ろし

愛知県

これが「八勝館御幸の間」(38ページ)と同じ人の設計なのか！ 造形も色も攻めまくっている。屋上を一般公開していないのは残念

| 復興期 1945-1955 | 葛藤期 1956-1960 | 飛躍期 1961-1964 | 175

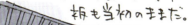

竣工は1961年。それから60年近くたつのに、外観は竣工時の写真とほとんど変わっていない。

入り口の庇の上にある施設名の表示板も当初のままだ。

植栽の刈り方まで同じ…

外壁の紫色は後から塗ったものかと思ってしまうが、これももともとの色。近づいて見ると塗装ではなく、モザイクタイルだ。伊奈製陶(現・LIXIL)が当時販売していた「カラコンモザイク」という商品で、素地原料に顔料を練り込んで焼成したもの。色落ちしないので、グラデーション部も含めて、当時のままの色だ。

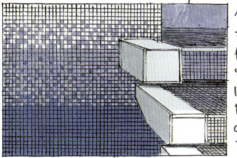

1階の展示室に光を入れる屋上の採光窓も健在。ここからの雨漏りはほとんどないという。すごい描けなかった2階茶室も含め、この"残り具合"は重要文化財級！

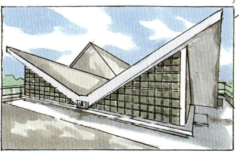

本当に自然光…

1962 昭和37年

プレイバック南方幻想

日南市文化センター

丹下健三+都市・建築設計研究所

所在地：宮崎県日南市中央通1-7-1｜交通：JR日南駅から徒歩5分
構造：RC造｜階数：地上2階｜延べ面積：2938m²
初出：2005年2月7日号

宮崎県

小雨が降るなか車を走らせて日南に着くと、にわかに雲間から太陽の光が差してきた。なんたる幸運。太陽の光を浴びてこそ、この建築は美しい。

岩山を連ねたような独特のシルエットを見せて、その建築は立っていた。様々な格好の開口部が、くっきりとした陰影で壁に抽象画を描き出す。少し黒ずんだ白い塗装仕上げは、完成当初はコンクリート打ち放しだったという。強烈さは薄まったが、それでもRC（鉄筋コンクリート造）建築の原初的な魅力を感じさせる外観だ。

職員の案内で中に入ると、ホールの内壁は白いクロス張りで、腰壁には地元の名産であるスギが張られていた。ここも竣工当時の雑誌記事を見ると、コンクリート打ち放しだった。さぞや迫力ある空間だっただろう。明るく改装されたことを職員はたいそう喜んでいた。日常的に使う地元の人からすると、確かに陰気な空間に見えたかもしれない。内外ともコンクリート打ち放しでつくられていたこの建築は、まるで巨大な粘土模型のように映ったはずだ。

驚かされたのは舞台の裏手にある楽屋で、狭い空間に斜めの壁がせり上がっていた。部屋が少々窮屈になってもなお、どこから見ても、尖った岩山のように見える外観にこだわりたい。設計者の強い思いが、こんなところからも伝わってくる。

日南市文化センターが竣工したのは1962年。丹下健三が国立代々木競技場（1964年、284ページ参照）や東京カテドラル聖マリア大聖堂（1964年、282ページ）を手掛ける直前、力がみなぎっていた時期に手掛けた作品だ。広島平和記念資料館（1952年、58ページ）で建築家としてデビューしてから最晩年に至るまで、何度もスタイルを変えてきた丹下だが、これに類する作品はほかにない。建築史家からは「過渡期の作品」と位置付けられたりする。

しかし特殊なのは敷地のありかもだ。丹下健三は日本を代表する建築家として長く活躍し、その作品は世界中に散らばっているが、日本全国にくまなくあるかというと意外にそうではない。日南市文化センターは丹下にとって九州で初めての仕事であり、現在でもなお日本で最南端にある作品である。

日本の中のハワイ

1960年代の宮崎は、憧れの観光地として日本全国から注目を集めていた。読売ジャイアンツが春季キャンプを張るようになったのが1959年から。60年代初めには皇族の新婚カップルが相次いで訪れ、以来、宮崎は新婚旅行の人気地ともなった。

同じ頃に加山雄三主演の映画「ハワイの若大将」（1963年）が公開されるが、まだ日本人の海外渡航が制限されていた時代である。ハワイは一般人に

A 北側の公園から見た外観。外壁はコンクリート打ち放しから白い塗装仕上げに変えられている｜**B** 壁の開口部やガーゴイル（雨水の落とし口）はル・コルビュジエふう｜**C** ホールの内部。ここも打ち放しだったが、白く塗られて腰部には地元の飫肥スギが張られた｜**D** 斜めの壁が重なり合う見せどころだったが、増築されたスロープで隠されてしまった｜**E** 舞台の袖まわりには、竣工当時の打ち放しの壁がそのまま残っている｜**F** 楽屋。左手の壁は斜めにせり上がっている。平面も真四角ではない

とって高嶺の花だった。そんな時に、海岸に沿ってパームツリーの木が立ち並ぶ常夏の宮崎は、仮想のハワイであり、いわば日本の中の南方だったのだ。

思い出されるのはマンガ「巨人の星」（テレビ放映1968～71年）である。宮崎キャンプに訪れていた主人公、星飛雄馬が看護婦の日高美奈さんと生涯一度のロマンスを育んだのがここ、日南だった。つまりあの野球バカ、星飛雄馬でさえも恋をしてしまう場所というわけだ。

「輝く太陽、紺碧の海、峨々たる岩膚、ここの自然は、私たちの目に、先鋭的な形相、鮮明な色調をもって強い印象をあたえました」。

これは竣工当時、日南市文化センターのパンフレットに丹下が寄せた文章だ。地域性を設計のモチーフに据えることが少ない丹下ですらも、宮崎という場所は意識せざるをえなかった。

時空を超えたユートピア

しかし、丹下が見据えていたのは単に宮崎・日南の風土だけだったのか。ここからは仮説である。

宮崎を仮想の南方とすると、丹下の別の作品が浮かび上がってくる。太平洋戦争のさなかに実施された「大東亜建設記念営造計画」のコンペ案（1942年）である。大学院生だった丹下は、このコン

ペで並みいる有名建築家を敗って一等を勝ち取る。神社のような切妻屋根が架けられていることから、戦時下の日本建築がモダニズムから日本様式へと傾斜していった例証として語られることが多いこの計画案は、富士山麓が敷地に選ばれていた。ところが、要項に明示はされていないものの、このコンペは日本が当時、占領支配していた南方の植民地につくることが想定されていた。現に入選作は「南方建築展」の名前で全国を巡回している。つまり丹下は本格的な建築家デビューの前に、仮想の南方建築を既に手掛けていたのだ。日南市文化センターはその再挑戦とも捉えられる。

そう考えると、日南と「大東亜」のコンペ案にはいろいろなつながりが見えてくる。平面の鼓形は「大東亜」計画の回廊と共通しているし、建物全体を覆っている傾いた壁は、切妻を模した巨大なコンクリート屋根の一歩進んだ形とも考えられる。日南市文化センターは、丹下が抱いていた若き日のユートピア的な南方幻想が、時間と空間を超えて現れてしまったものだと言うのはうがちすぎだろうか。

一方、この建物に戦争のにおいをかぎとった建築評論家の神代雄一郎はトーチカのよう、と評した（「新建築」1963年4月号）。戦争のイメージとユートピアのイメージと。その両者の間に、この作品は常に宙ぶらりんのまま置かれている。

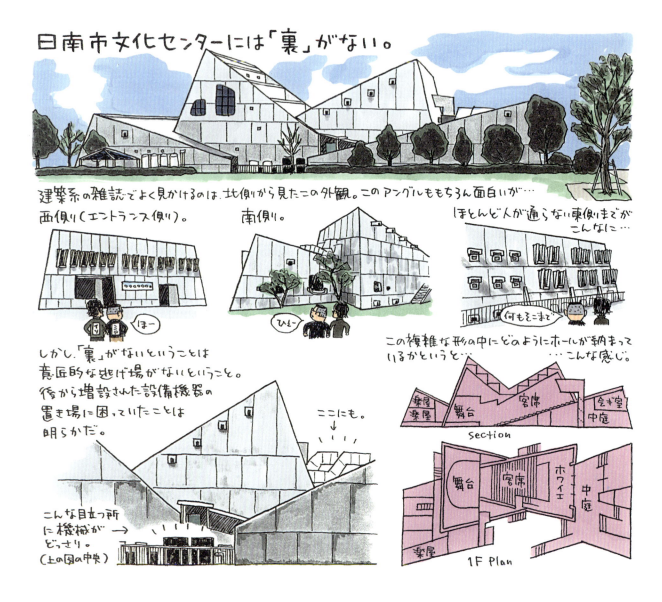

復興期 1945-1955　葛藤期 1956-1960　飛躍期 1961-1964　　　　　　　　　　　　　　　　　　　　181

案内してくれた職員の
コジマさんの話が、正直で
おかしかった。

「この建物って
そんなにすごい
んですか？」

「僕らは子どものころ
から当たり前のように
使っていたもので‥」

↑地元出身

ホール内の壁は、かつてはコンクリート打ち放しだったが、
白いクロス張りに改修されていた。ちょっと残念。

「昔は黒ずんだコンクリート
の壁だったんですが、今は
きれいな壁になって、
皆、喜んでいますよ」

竣工時

やっぱり地元の人にとっては薄汚れた打ち放しよりも
清潔な白い壁が一番なのだ。それはそうだよな…

外壁も当初の打ち
放しから、白っぽい
塗装に変更されて
いる。しかし、塗装は
既に黒ずみ、遺跡
のような荒々しさを
醸している。

勝手に生えてきたと思われ
る樹木も年月を感じさせ、
味わい深い。(壁際の
溝から生えている)

目地割りも見事です！

特に印象に残ったのは、
開口部のディテールの
フェティッシュぶり。
機能的には説明の
付きにくいものも多数。
型枠職人の苦労に涙。

西日よけ縦ルーバー？

採光用小窓の水切り？

床下換気の雨よけ？

1962 ●昭和37年●

人間になった建築たち

今井兼次　長崎県

日本26聖人殉教記念施設

所在地：長崎市西坂町7-8｜交通：JR長崎駅から徒歩5分｜延べ面積：聖堂912m²／資料館1160m²
初出：2006年4月4日号

大隈記念館（1966年）[現・大隈重信記念館]

所在地：佐賀市水ケ江2-11-11｜交通：JR佐賀駅からバスで大隈重信記念館入口下車｜延べ面積：319.44m²
初出：2006年4月4日号

今井兼次という建築家は、田舎にいる祖父みたいで、立派な人だというのは分かるけれども、共通の話題もないし、会っても間が持たない感じ。

そんな印象を持っているのは、自分だけではなさそうで、早稲田大学の教授として大きな影響を振るったはずなのに、現代建築史の中で今井は、独自の位置に置かれて放ったままといった感じである。白井晟一もそんな立場の作家だが、伝統論争においては丹下健三への対立項という構図に取り込まれたわけで、今井にはそうしたエピソードすらない。孤高という言葉がこれほどふさわしい建築家もいない。

一方で、今井は海外建築の優れた紹介者でもあった。特にアントニオ・ガウディやルドルフ・シュタイナーら、モダニズム建築の本流から外れた建築家の仕事をいち早く評価し、その建築を日本に伝えている。問題は建築家としての作品が、紹介してきた海外建築家の作品に似すぎていることで、今井はそれを悪びれることなくあからさまにやってしまう。オリジナリティーが欠けるように見えたことも、今井が多く語られない理由の一つだろう。

そんなわけで、今井の代表作である日本26聖人殉教記念施設も、正直な話、あまり積極的に見たいとは思っていなかった。駅の近くだし、ついでにのぞいておくかと、その程度の動機である。しか

し実物を見てみると、久しぶりの大感動建築なのであった。

天 空 で 結 ば れ る 2 本 の 塔

坂を上がっていくと、2本の塔が見えてくる。こちらが聖堂で、道路を挟んで資料館がある。この2つから施設は構成されている。

建物前の広場に立つと、目に入るのは横に長い記念碑だ。そこには、この場所で処刑された26人のキリシタンの姿が、彫刻家の舟越保武によって彫られている。この碑は資料館の正面にあって、サッカーでいえば、フリーキックのときに守備側の選手がつくる壁のように立ちふさがる。後ろの資料館に気が付かないで、帰ってしまう人もいるらしい。

碑の左に細い通路があり、碑と建物に挟まれた前庭を抜けて入り口へと至る。来館者をボールとするなら、壁の左を巻いてゴールの右隅に入る軌道だ。日本代表のフリーキックの名手、中村俊輔だってそんなボールは蹴れない。

資料館の中には、殉教者の様々な遺物に交じって、巨大な木の根がある。これは殉教者となんの関連もないものなのだが、ねじくれたその姿が殉教者の苦難を象徴しているということで、今井が見つけてきて寄進したらしい。歴史としての事実だけで

日本26聖人殉教記念施設

大隈記念館

A 広場から見た聖堂全景｜**B** 聖堂の内部。屋根の形が天井にそのまま表れている｜**C** 資料館の内部。殉教者の資料に交じって、今井が寄進したクスノキの巨大な根が置かれている（右奥）。よじれた姿が殉教者の苦難を表しているという｜**D** 26聖人碑とその後ろにある資料館｜**E** 碑と建物に挟まれた前庭。庇を支えるのは「殉教の柱」｜**F** モザイク壁には今井自身が集めた陶器片が使われている｜**G** 大隈記念館の外観｜**H** 建物の西側に張り出したテラス

なく、殉教者の受けた苦しみを感覚として分からせたい、という設計者のねらいが伝わってくる。異常に屈折した動線も、殉教者の人生を仮想体験させるものとしてつくられているとすれば、理解できる。

聖堂の方は、2本の塔で持ち上げられたような格好をしている。建物を特徴付けている双塔を、今井は「天の門」と名付けた。つまりニューヨークにあったワールドトレードセンターのような、どこまでも平行なツイン・タワーではなく、伸ばしていくとはるか上方でつながり、アーチになっていると言うのである。

塔は、公式の説明では聖母マリアと聖霊にそれぞれ捧げたものとされている。しかし、今井が死に別れた妻を深く愛していたという逸話を知ると、天空で結ばれる2本の塔は、今井とその妻を表したものなのではと思ったりもする。実は妻のクリスチャンネームも「マリア」。サグラダ・ファミリアを模したとされる塔は、純愛の証しなのだ。

建築に顔があってもいい

続いて佐賀に行き、同じく今井の設計による大隈記念館を見る。早稲田大学の創設者でもある大隈重信の生誕125年を記念して、大隈の生家に隣接して建てられた施設で、大隈の生涯を解説するパネルや史料が展示されている。

長崎がガウディなら、こちらはシュタイナー。肉厚の量塊的な建築の表現は第2ゲーテアヌム（スイス、1928年）にそっくりである。赤いステンドグラスも、ゲーテアヌムの西正面階段室ホールにある赤ガラスの引用だろう。が、入場券売り場でもらえる説明パンフレットには、大隈候が愛用したマントの色から採られたと記されている。

同じく玄関の周りは大隈の顔を模したものとも。「菱形は早稲田大学の角帽を、放射状の二つのえぐり部分は目を、庇は鼻を、建物の入り口は大隈候の大きな口を」……。これは馬鹿馬鹿しい冗談のように聞こえる。しかし、シュタイナーが主導した人智学には、人間と建築を同一視する思想がある。『そして建築が人間になる』という題の著作があるくらいだ。それを受け継いだ今井の建築に、顔があっても決しておかしくはないのである。

殉教者の人生を建築化した日本26聖人殉教記念施設といい、大隈重信を擬人化した大隈記念館といい、今井の作品は、それ自体が人間であるような建築である。人間のための建築、いわゆるヒューマニズムの建築には、何がしかの偽善を感じたりもするのだが、「建築＝人間」の今井作品にはそれがない。

今回の訪問で、今井建築のファンになったことを告白する。

日本26聖人殉教記念施設 は "プチ・ガウディ" ではない。

長崎には何度か行ったことがあったが、この建物は、今まで見たことがなかった。

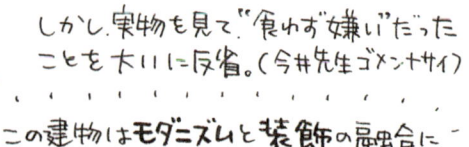

写真でよく目にする二つの尖塔があまりに直接的にガウディを連想させ、どうも見に行く気にならなかったのだ。

プチ・ガウディ?

聖堂

しかし、実物を見て "食わず嫌い" だったことを大いに反省。(今井先生ゴメンナサイ)

この建物はモダニズムと装飾の融合に果敢に挑んだ先進的な建築だった。

← 特に西側から見たフォルムがシャープでカッコイイ。

こってり味とあっさり味の激突…

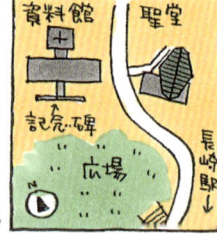

Site Plan ▶

資料館

聖堂の西側にある資料館もシルエットはモダンだが、側面のモザイク画は濃厚。

よく見ると、茶碗や皿、つぼの破片があちこちに使われている。
神聖な絵なのにどことなく長崎中華街の香りが…。

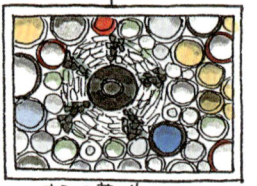

▲ まるで茶碗アート!

資料館の前庭にある謎の柱も圧巻。
↓

こんな形の柱は初めて見た。柱だけでこんなにも見る者を引きつけるとは恐るべし、今井兼次! 現代の構造解析技術があったら、彼はきっととんでもない建築を生み出していたに違いない。

大隈記念館 は大隈重信の人生そのものである。

大隈記念館は、受付で渡される説明資料を読みながら見ると、より一層楽しめる。(以下はその抜粋)

どっしり感

『(建物は)全体的に見ると安定した巨岩に見え、そしてまた大隈侯のどっしりとして動かざる姿にも見える』。なるほど…。

柱の穴

『東の柱の大きな穴は、大隈侯が国粋主義者に爆弾を投げられて負傷し、右脚を切断して脚がなくなったのを表している』。ふーん。

↑受付で購入した記念切手

『菱形は早稲田大学の角帽を、放射状の二つのえぐり部分は目を、庇は鼻を、建物の入口は大隈侯の大きな口を』それぞれ表している。

←ステンドグラス

『正面2階の赤いステンドグラスは、大隈侯が早大総長時代に愛用した緋色のガウン♪を表している。

(そんなに似とるか)

つまり、ここが大隈侯の顔

…って、本当に今井兼次がそんなこと言ったのか?

No.37

• 昭和37年 •

美しきダジャレの魅力

小原流家元会館・豊雲記念館(1970年)

所在地：神戸市東灘区住吉山手4-12-70
構造：RC造｜階数：地上2階(家元会館)、地下1階・地上3階(豊雲記念館)
延べ面積：936㎡／868㎡
初出：2006年2月27日号

清家清

兵庫県

閉館

阪急神戸線の御影駅を下り、山側の道を行く。斜面が急な角度に切り替わるそのあたりで、波形の庇と花模様のブロックで覆われた建物が2つ、続いて見えてくる。小原流の豊雲記念館と家元会館だ。車の行き来が激しいので、ゆっくりと眺めるのは難しい。ちらりと横目でとらえながら建物の前を通り過ぎ、坂の上の事務室を訪ねる。

スタッフの案内で、まず向かったのが豊雲記念館。生け花の小原流三世家元、小原豊雲が自ら収集した世界の民俗資料を保管、展示するため、1970年に「芸術参考館」として建てさせたものである。2002年に豊雲記念館としてリニューアル・オープンし、春と秋に20日間ずつ一般公開している[1]。

エントランスホールには、外観の特徴にもなっていたブロックを透かして光が入り込んでいる。一見、中華風でもあるこの模様は、1960年代のモダニズム建築としては、突出して装飾的だ。単純なパターンで全面を覆う手法は、1990年代のヘルツォーク＆ド・ムーロンの作品のようでもある。壁はコンクリートのフレームの間に現場から採れた御影石が詰められ、静かに素材感を主張している。

次に見て回ったのは家元会館。山来たのはこちらの方が先で、1962年の竣工だ。もともとは小原流の会員が、宿泊しながら生け花を学ぶための施設として建設されたもの。教室としては使われて

いるが、宿泊の機能はなくなっている。見どころは家元のアトリエとしてつくられた2層吹き抜けの部屋。大きな開口部には、高級ガラス食器で知られるカガミクリスタルによる手づくりのガラスがはめられ、微妙な色を帯びた光が空間を満たしている。

「建築を消し去りたい」という志向

小原流の一連の建物の最大の魅力は、高低差のある敷地を生かしきった断面計画にある。建物は半ば埋まっているため、ここを訪れた人は建物の全体の形が分からないまま、内外を貫く経路を歩いているうちに建物を体験することになる。

クライマックスは屋上。ガウディを思い起こさせる彫刻的な階段を上っていくと、そこは周りの自然と境目のない広々とした庭になっている。小径をさらに上がっていくと、盛化記念館というもう一つの小さな建物もある。ここからは神戸の海まで見通せる絶景が楽しめるが、家元会館も豊雲記念館も見ることはできない。建物は消えてしまっている。

見えない建築。これは清家清のほかの作品にも見てとれる特徴だ。例えば大分県の山中に建てられた朝倉文夫記念館（1990年）は、家元会館と同じような半地下構造で、自然公園と一体化した建物となっている。あるいは野尻湖プリンスホテル

[1]──2018年5月の見学会を最後に一般公開はしていない

家元会館

豊雲記念館

A 家元会館と屋上庭園を結ぶ階段。真ん中に延びる彫刻は避雷針になっている｜**B** 家元のアトリエだった部屋。家元がデザインした陶製のシャンデリアが天井から吊られている。ガラスは手づくり品｜**C** 家元会館の可動ルーバー｜**D** 屋上庭園を見下ろす高台にある盛花記念館（1963年竣工）｜**E** 豊雲記念館2階ではアンデス文化の遺物を展示している。波形の屋根が内部にそのまま表れている｜**F** 豊雲記念館1階のエントランスホール。花形ブロックを透かして柔らかな光が差し込む｜**G** 豊雲記念館の地下1階。東南アジアの民俗資料がガラスのケースに収められている

（1983年）では、周囲に茂る木々が建物をほとんど覆い隠している。

　斜面地に半ば埋もれた建築というと、吉阪隆正の建築もそうだが、あちらは大地とあらがうヒロイックな形が強調される。一方、清家の建築はそうしたシンボルへの志向が弱い。小原流の建物でも、唯一、外観として表れる部分を花形ブロックで覆ってしまい、形ではなくテクスチュアに還元してしまっている。

　清家は一般に、日本においてモダン住宅を打ち立てた建築家と評価されているが、その裏に実は、「建築を消し去りたい」という反建築的な志向を持っていたのではないか。そんなことも考えられる。

花 形 ブ ロ ッ ク は 土 管 の 転 用

　清家には生前、取材で何度か会った。僕のような若造を相手にしても、少しも偉ぶるところがなく好印象をもったのだが、それにも増して強いインパクトを残したのは、ここぞというときに繰り出されるダジャレだった。それも、まじめな話に突然入り込んでくるので、聞いている方は一瞬、頭の中が真っ白になり、その後で笑いが爆発する。

　誰を相手にしてもそうだったようで、例えば内井昭蔵が聞き手を務めたインタビューでも、初期の住宅作品について触れたところで「イヌも一緒に住めたのでワンルームというんです（笑）」とやらかしている（『モダニズム建築の軌跡』INAX出版）。

　このダジャレがなぜ面白いのか、と改めて考えると、本来全く関係のないはずの「イヌ」と「ひとつ」が、「ワン」という発音で一挙に結びついてしまうことにある。それによってここでは、ひとつの部屋という意味の「ワンルーム」が、「イヌの部屋」という意味に転用されたのである。実はダジャレは、知的な言葉のゲームなのだ。

　思い出すのは、清家は建築の設計においても転用が得意だったこと。代表作の「私の家」（1954年）でも、スラブのコンクリートを打つ際の型枠を野地板として使ったり、増築でコンテナを書庫として利用したりと、大胆な置き換えを行っている。コンテナは敷地が計画道路にかかっているための苦肉の策らしいのだが、これが知略に富んだ建築的操作に見えてくるところがいかにも清家らしい。

　小原流の建物で外装に使われている中国風パターンの花形ブロックも、常滑でつくっている電話線を通すための土管の製作法を転用したものだという。ウイットにあふれた清家流の「建築的ダジャレ」が、私たちの目を今も楽しませてくれる。

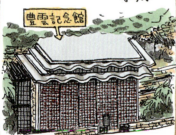

1962 ・昭和37年・

市民広場の運命

江津市庁舎

所在地:島根県江津市江津町1525 | 交通:JR江津駅から徒歩5分
構造:RC造 | 階数:地上8階 | 延べ面積:4122m²
初出:2017年7月13日号

吉阪隆正

島根県

JR山陰本線を江津駅で下りると、プラットホームからすぐにお目当ての江津市庁舎が視界に飛び込んできた。小高い丘陵地の端部から海の方へ向かって、水平にボリュームを突き出している。遠くからでもはっきりと認識できるシンボリックな建物だ。

駅の方から緩い坂道を上っていくと、そのまま庁舎のピロティへとたどり着く。建物は大きく2つのブロックから成っている。ピロティの上に架かる南北に長い部分がA棟で、2層の内部には事務室や市長室などを収める。その南側、直交して東西方向に延びるのがB棟で、こちらには行政窓口や議場などが入っている。

建物を見ていこう。ピロティ周りでまず目を引くのは、竣工して間もなく「デンデンムシ」と呼ばれるようになった、石積みのらせん階段だ。ピロティにはB棟に入る主玄関があるのだが、この外部階段からブリッジを通ってA棟の2階へと直接、入っていくこともできる。

B棟の側に移動すると、床や幅木など、ところどころで赤い焼き物のような材料が使われている。これは石州瓦だ。また、束側の壁面にレリーフがあるが、これは石州瓦を焼く窯の材料でつくられているという。

三州瓦、淡路瓦と並んで日本三大瓦のひとつとされる石州瓦。1200℃以上の高温で焼成するこ

とにより、凍害に強いという特徴を持ち、中国、北陸、東北地方などに広まっている。その主要産地がここ、江津市だ。

市内には江津本町や都野津など、石州瓦が載った屋根の家が集まる美しい街並みがいくつも残る。この赤瓦の景観を継承していくため、現在、市では学校などの公共施設で積極的に採用したり、石州瓦を使った民間の建物に助成金を出したりしている。その地域の特産品である瓦を、この市庁舎では、屋根とは違うところで使ったのである。

地 域 主 義 モ ダ ニ ズ ム の 先 駆 け

現代建築に石州瓦を大々的に用いた例としては、江津市と同じ石見地方にある益田市で、内藤廣が設計した島根県芸術文化センター「グラントワ」(2005年竣工)がある。それに40年以上も先駆けて、内藤の師匠に当たる吉阪隆正が、小規模とはいえ実現していたわけだ。江津市庁舎は、日本のモダニズム建築における、地域主義の先駆けといえるだろう。

この建築のもうひとつの特徴が先に触れたピロティである。そもそもなぜこれを設けたのか。吉阪の説明によれば、市民が集まる広場を設けたかったのだという。

A 西側から見た全景。丘陵地の端部に位置し、シンボリックな建物形態が北側の市街地からも遠望できる | B A棟の下に市民広場として設けられたピロティは、駐車スペースとして使われている | C 巻き貝のような屋外階段を屋上から見下ろす | D A字柱の内側へとつながるブリッジ | F ピロティの下にある主玄関 | F B棟の東側壁面にあるレリーフは、登り窯で使われている棚板でつくられている。石州瓦と同じ赤い色 | G 議場の内観。傍聴席には竣工時の座席が残る

ル・コルビュジエらが主導した近代建築国際会議（CIAM）では、1951年、英国のホッデスドンで開催された第8回会議において「都市のコア」をテーマに掲げた。

それは、人々が自由に集まることができる開かれた公共スペースであり、民主主義の基盤であると同時に、都市のアイデンティティーともなる。それを形にしたものが「広場」である。

江津市庁舎では、丘の地形を残しながら、人々が集まれる広場をつくるには、ピロティにして建物の下を使うしかなかったというわけだ。集会の邪魔になることがないよう、A棟を支える構造はA字形をした柱に集約され、長大なスパンは梁にプレストレスト・コンクリートを用いることで実現している。

吉阪の作品集には、写真家の村井修が竣工式の日に撮った写真が載っている。それを見ると、ピロティや「デンデンムシ」の階段に、隙間なく人が集まっていて壮観だ。この状態を見た吉阪はうれしかったに違いない。

ピロティは駐車場に

しかし現在の使われ方を見ると、「市民広場＝都市のコア」としてつくられたピロティは、単なる屋根付きの駐車場になっている。

吉阪の設計に何か問題があったのだろうか。

いや、そうとはいえないだろう。市庁舎や公会堂などの公共施設と組み合わせて広場を設ける試みは、1950〜60年代にかけて、日本各地で行われた。例えば、丹下健三が設計した今治市庁舎・公会堂（1958年）や、坂倉準三が設計した伊賀市庁舎・中央公民館（1964・1960年）などがその例だが、これらの広場も結局のところ、駐車場になっている。

建築家たちが理想を込めてつくり上げた市民広場は、急増する自動車という社会状況にのみ込まれて、全国で消滅したのだ。その運命は、1人の建築家が左右できるものではなかったのだろう。

江津市庁舎の場合は、人々の集まりやすさを考慮して柱を最小限にしたことが、かえって駐車場としても使いやすいスペースになってしまった。苦笑いして受け入れざるを得ない皮肉な現実だ。

江津市では現在、別の敷地に新しい庁舎を建設する計画を進めているが、この建物は改修して別用途で使うことを想定している[1]。そのときに、このピロティはどう変わるのか。積極的な使い方を期待したい。

[1] ──2018年5月に公表された基本計画では「市民のコミュニティー拠点としての整備が求められている」としている

「ここに来るのを待っていたんです ─」。この連載で
そんな風に出迎えられるのは今回が初めて。
ああ、10年以上続けて良かった…。

今回の巡礼地は江津市庁舎（1962年）。
松本零士世代をわしづかみに
する独特の外観。
SF建築の代表格、
大学セミナーハウス（1965年）を手掛
けた吉阪隆正の設計だ。

では、なぜ江津市の担当者は、我々を待っていた
のか。実はこの庁舎、移転建て替え議論の渦中
にある。新庁舎建設後、こちらは補強再生を検
討中。大きく変わってしまっている窓まわりを元に戻す
ことも視野に入れている。
それもあって「この建物の魅力を一般の人にも分か
るように広く発信してほしい」というのが、市の担当
者の願いなのだ。よし、任せて下さい！

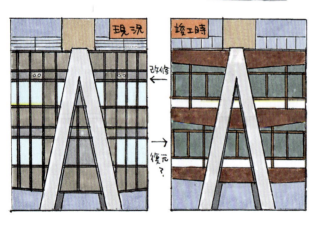

まずは全体構成から ─。

橋のように持ち上げ
られたこっちが
↓
「A棟」

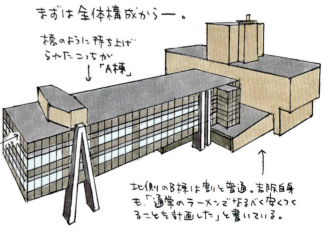

北側のB棟は割と普通。吉阪自身
も「通常のラーメンでなるべく安くつく
ることも計画した」と書いている。

橋っぽいのは見た目だけではない。コンクリート梁の中
にPC（プレストレスト）鋼線を仕込んだ土木的なつくり。

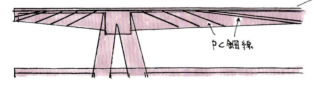

PC鋼線

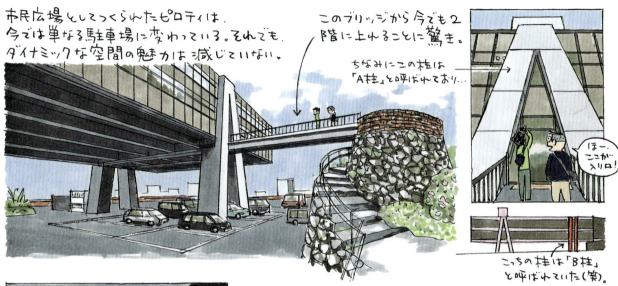

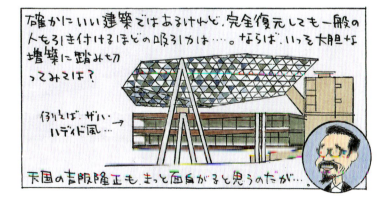

No.39

1962 ●昭和37年●

ピンクの壁にたたずんで

アテネ・フランセ

古阪隆正

所在地：東京都千代田区神田駿河台2-11｜交通：JR総武線水道橋駅から徒歩6分
構造：RC造｜階数：地下2階・地上3階｜延べ面積：1769㎡
初出：2018年2月22日号

東京都

東京でフランス語を学ぶ学校として、アンスティチュ・フランセ東京（旧東京日仏学院、50ページ参照）と双璧を成すのが、アテネ・フランセだ。東京帝国大学の講師だったフランス人、ジョゼフ・コットが1913年に創設、フランス語のほか古典ギリシャ語、ラテン語、英語も教える。また付属するアテネ・フランセ文化センターでは、映画の上映を行っている。

建物の設計者は吉阪隆正。旧東京日仏学院（1951年竣工、50ページ参照）を設計した坂倉準三と同じく、フランスでル・コルビュジエの下、働いていた建築家だ。吉阪もアテネ・フランセに通ったことがあり、コット先生から直にフランス語を習ったという。

敷地は駿河台の端にあたる崖地で、建物は前面道路から見ると4階建てだが、反対側から見上げると6層分ある。

1962年の竣工以来、増改築を繰り返しており、外観は大きく変わっている。内部に階段を収める中央の塔は第3期（設計1968年）、左手のステンレス外装は第5期（設計1972年）の工事による。

「ATHENEE FRANCAIS」のアルファベットがちりばめられた印象的なコンクリート壁は当初からあるものだが、これも幅が広がっている。両端で膨らんだ特徴的な屋根も、後から鉄骨で架けたもので、講堂がある4階は、もともとは屋上テラスだった。

インスタ映えする建築

入り口を入ると、内部もきれいに改装されている。これは在日フランス人建築家、アンリ・ゲイダンと金子文子の設計により、2012年に行われた改修によるものだ。もちろん、吉阪によるオリジナル・デザインは尊重されていて、階段の手すりや階数表示のサインなど、見どころは尽きない。すぐ近くに立っていた日仏会館（1960年竣工）が既に解体されてしまっただけに、東京23区内で体験できる吉阪作品は貴重である。

そのアテネ・フランセが、いまやインスタグラムの撮影スポットになっているという。それを聞いて、最初は信じられなかった。吉阪の建物と言えば、まずはざらついた打ち放しコンクリートの質感を思い浮かべる。一方、インスタグラムとは写真の投稿をメーン機能にしたSNS（交流サイト）で、特に若い女性の愛好者が多い。その2つの結び付きが、あまりにも意外だったのだ。

調べてみると、本当だった。検索すると画像がたくさん出てくる。50年以上も前に建てられたモダニズムの建築が、このように幅広い層から支持を受けていることに感激しつつ、そうなった理由について、想像を巡らせてみる。

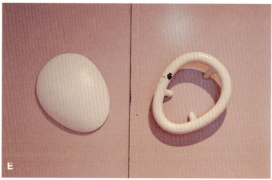

A 西側の崖の下から見た外観｜**B** 南東側から見た外観｜**C** 周りの風景を乱反射するステンレス製ファサードは、1972年設計の第5期工事で設けられた｜**D** 飛行機の翼のような入り口の庇｜**E** 4階講堂の扉に付いたハンドル｜**F** 教室内では今でも吉阪隆正がデザインした家具が使われている｜**G** 4階北端の教室。4階は第3期工事で設けられた。鉄骨造の屋根架構がそのまま天井の形に表れている｜**H** 4階の廊下。元は屋上テラスだったところ｜**I** 地下1階の学生ホール。受講生が自習や休憩のために使用する。かつてはここから崖下の景色が見晴らせた

写真を並べてみると、ほとんどは道路に面したコンクリート壁の前で撮られている。写っているのは、着飾った女性のポーズをとった姿と、壁のアルファベット。建物の全体は分からず、壁面のピンク色が背景を埋めている。

恐らくこのピンク色こそが、人気の秘密なのだろう。すべての女性がピンク好きということもなかろうが、インスタグラム投稿者の心理を推し量ればそういうことになる。

建物が自ら宣伝を賄う

アテネ・フランセのコンクリート壁は、当初からピンクと紫のペンキで塗られていた。建築に鮮やかな色を使う手法は、吉阪の師匠であるコルビュジエをはじめとして多くの建築家が採ったが、無彩色を基調にアクセントとして原色を挿すというものだった。この建物のように鮮やかな色で大きな面を塗り込めた先例は、有名なところではメキシコの建築家、ルイス・バラガンの作品くらいしか思い浮かばない。

派手な色で全面を塗装した理由について吉阪は、「建物としては目印になるということは宣伝効果をおのずからまかなうことになるので、思い切ったものを使おうと考えた」と説明している（「近代建築」

1962年6月号）。建物をそのままサインとして機能させようという考え方は、竹山実による一番館・二番館（1968・70年）や、宮脇檀による一連の秋田相互銀行店舗（盛岡支店1970年）などに先んじたものだ。

しかしこのやり方は物議を醸すものでもあった。竣工当時の雑誌記事を読み返すと、例えば建築編集者の平良敬一は、この建物の色に関して、「不快な色彩」「異様な紫の塊」と記している（「建築」1962年6月号）。後にこれほど一般女性に受けるとは、誰も想像できなかったことだろう。

唯一の例外が設計した本人で、先に引用した説明の文章に続けて「学生の半数以上が女性であるということを予想して色を決めた」と書いている。さすが吉阪先生だ。

ちなみにアテネ・フランセが建築メディアに初めてカラー写真で載ったのは、恐らく「SD」の1971年6月号。冒頭に掲載された山田脩二による写真は、ピンクの壁の前をフランス人女性がさっそうと歩いている。現在、インスタグラムに挙がっているものとそっくりなのは興味深い。

ATHENEE FRANCAIS

ピンク色の壁にちりばめられたアルファベットは「アテネ・フランセ(ATHENEE FRANCAIS)」だと聞いて、念のため、並べてみた。「H=Ⅱ」と「S=S」が難度高し。でも謎めいているからこそのインスタ映え。では、紫の塔に型抜きされたこの模様は？

てっきり指さしマークかと思ったのだが、正解は、知の神、ミネルヴァ→でした。

ここにリアルバージョンあり。

ピンク色の壁のインパクトが強すぎて別の建物に見えてしまうが、南側の波状アルミ鏡面の壁もすごい。

FANTASTIC

西側の外観はこんな感じ。まるで別の建物…。でも、これはこれでフォトジェニック。

西側は谷になっており、地下階から景色が見える

増築

増築

実はこの建築、8期にわたる増築を経て、現在の形になっている。1期の時点でこの最終形をどのくらいイメージしていたの？50年以上たったとき、若い女性に大人気なんて想像してた？教えて、吉阪さん！

| 復興期 1945–1955 | 葛藤期 1956–1960 | 飛躍期 1961–1964 |

実は、このアテネ・フランセ、当初は「昭和モダン編」のラインアップに入っていなかった。1960年代の吉阪隆正は「江津市庁舎」でいこう、と決めていたからだ。※194ページに掲載

それが急に「行かなきゃ」と思ったのは、NHKの朝の情報番組で「ピンク色の壁が"インスタ映え"すると若い女性に大人気」と紹介されていたからだ。

あ、アテネ・フランセ！

インスタグラムを調べてみると、この通りずらり。これまで「若い女性に人気」という視点でこの建築を見たことがなかった。不覚…。

いやいや、建築写真の常識も軽々と超えた写真ばかりで勉強になります！
建築雑誌的に外観を撮ると
↓こんな感じでしょうか。

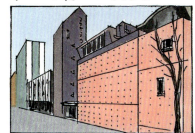

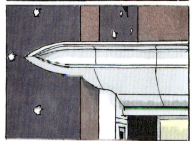

王道アングルだと印象が全く違う!?

1962 昭和37年

未知の探求に応えた未知の建築　池辺陽

内之浦宇宙空間観測所

所在地：鹿児島県肝属郡肝付町南方1791-13｜交通：鹿児島空港から車で約1時間半
初出：2018年8月9日号

写真：JAXA

1970年、東京大学宇宙航空研究所は人工衛星「おおすみ」の打ち上げに成功。これにより日本は、ソ連、米国、フランスに次ぎ、世界で4番目となる人工衛星打ち上げ国となった。そのロケットを打ち上げたところが、ここ鹿児島県肝付町の内之浦宇宙空間観測所である。日本の宇宙開発史における聖地だ。

ロケット発射場には、同じ鹿児島県内に後発の種子島宇宙センターもある。敷地面積を比べると、種子島が8.64km²なのに対し、内之浦は0.71km²と圧倒的に狭い。2000年代以降、大型の液体燃料ロケットを打ち上げる種子島が主流になりかけたが、13年から小型衛星を搭載する新型の固体燃料ロケット「イプシロン」が内之浦から打ち上げられるようになり、再び脚光を浴びている。

糸川英夫のひらめき

施設は海に面した山地に分散している。米国のケネディ宇宙センターをはじめとして、世界の主要ロケット発射場は広大な平地にある。内之浦のような山中は珍しい。

この場所を選んだのは、日本における宇宙開発の父、糸川英夫博士自身だという。北海道から、青森、茨城、和歌山、宮崎と全国各地を回ったが、人家から離れた開けた場所は見つからない。ついに九州南端まで来たものの、ここにも良い場所はない。がっかりして帰ろうとする直前、クルマを止めて立ち小便をしていたときに、山の一部を削って台地をつくり、別の峰にはレーダーを設置すればいい、とひらめいたという（的川泰宣『宇宙にいちばん近い町』1994年）。

糸川先生の膀胱がもう少し大きかったら、世にもまれなこの山中のロケット発射場は、実現していなかったかもしれないのであった。

大空間を最小限の材料で

見学希望者は門衛所で受け付けを済ませれば構内に入ることができる。

一番の見所は、「Mセンター」だ。ここは敷地内で最も広い平地で、ロケットの組み立て室や整備塔などがある。一番大きな建物がロケット組み立て室で、ここで点検を終えた各段のロケットは、向かいのロケット整備塔へと運ばれる。その中にある発射装置上で組み上げられ、回り舞台のような機構で発射装置ごと屋外に。噴射ガスを逃がす煙道の上にセットした後、発射される。

一般の見学者は内部に入ることはできないが、建物の30m手前ぐらいまでは近づくことが可能。

A ロケット整備塔の中段からロケット組み立て室を見下ろす。組み立て室は、左側の壁全体が横にスライドして開くようになっている。ウルトラマン世代は「ウルトラ警備隊基地」を連想せずにいられない｜**B** ロケット組み立て室の内部。竣工は1966年で、その後に高さ、広さとも拡張されたが、壁や屋根の構造は引き継がれている（通常は内部見学不可）｜**C** スペースフレームの屋根構造を6本の柱が支える（竣工時の柱は4本）。カーテンウォールはアルミ鋳物製パネル。ストライプ状に設けられた天井のトップライトから自然光が入る。当初のトップライトは円形で水銀灯と一体化していた｜**D** レール上を移動する橋型クレーン｜**E** カーテンウオールは一部がスライド開閉する｜**F** 旧発射管制室の外観。分厚いコンクリートで覆われた六角形平面の部屋が2つつながっている。｜**G・H** 敷地外のシェルターも現存。宇宙空間観測所から1kmほど離れたところにある長坪保安退避室。泡がくっつき合ったかのような、幾何学的で異様な形状の建築（通常は内部見学不可）

復興期 1945-1955　　葛藤期 1956-1960　　飛躍期 1961-1964

整備塔の巨大な扉が開いて発射装置が現れる場面を想像すると、胸が高鳴る。

　建築のデザインとして目を引くのは、やはりロケット組み立て室だ。外側を覆うのは1.92m四方のアルミ鋳物製パネルで、1枚1枚が折り紙のような立体形状になっている。これがつながって屋根から吊られたカーテンウオールとなり、その重量で片持ちで張り出した屋根にかかる力を均一にしている。大空間を最小限の材料で生み出す合理的な設計だ。

　今回の取材では、特別に組み立て室内に入ることができた。屋根を支えているのは、パイプ状の材を三角形が連続するようにつないでいくスペースフレーム。日本では1970年、大阪万博のお祭り広場で採用されて注目された構造方式だが、その前にここで実現していたというわけだ。

　ちなみに取材中、一番盛り上がったのは、大きなスライドドアが開いたときだった。注意喚起のアナウンスが流れるのだが、テレビドラマの「ウルトラセブン」を見て育った世代なので、空耳で「フォース・ゲート・オープン!」と聞こえてしまう。完全にウルトラ警備隊の基地にいる気分に浸ってしまった。

新しい研究には新しい建築を

　Mセンター以外にも、内之浦宇宙空間観測所に

は特異なデザインの建築が数多く建てられた。既に解体されてしまったものもあるが、六角形平面の旧発射管制室や、花弁形平面の宇宙科学資料館などがそれにあたる。敷地外の退避室も個性的。1962年から70年代にかけて建設されたこれらの施設は、東京大学生産技術研究所の教授だった建築家の池辺陽（きよし）が設計したものだ。

　池辺は住宅の分野で数多くの注目作を残した建築家であり、特に立体最小限住居（竣工1950年）は、戦後日本で広く取り組まれた機能主義的小住宅の代表として名高い。

　内之浦の施設群について記した文章を、池辺はこんなふうに書き始めている。

　「宇宙科学の研究は、現代のもっとも新しいテーマとして始められた部門であり、そこから出てくる問題は、ひとつひとつ過去に前例の少ないものが多い」（「建築文化」1966年12月号、彰国社）。

　つまり宇宙科学というそれまでになかった新しい研究領域に応えるために、建築もまた新しい技術や形を採らなければならなかった、というわけだ。

　宇宙開発は実用の時代に入ったともいわれる。しかし50年以上前に建てられたこれら建築群に接すると、黎明期の研究者たちが抱いた熱い挑戦への意欲を感じ取ることができる。ぜひ訪れてみてほしい。

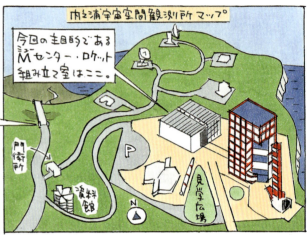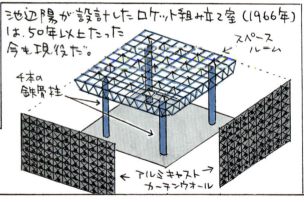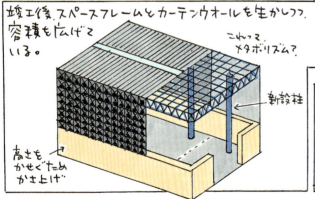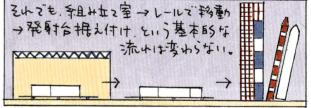

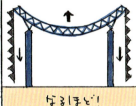
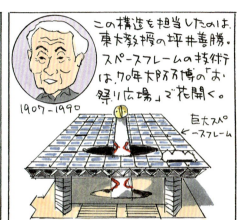

• 昭和38年 •
1963

共同のかたちを追い求めて

RIA建築綜合研究所

新制作座文化センター

所在地：東京都八王子市元八王子町2-1419｜交通：JR高尾駅から京王バスで石神坂下車、徒歩5分
構造：RC造｜延べ面積：3676㎡
初出：2007年7月23日号

東京都

新制作座は劇作家で女優でもある真山美保（1922-2006年）が中心となって、1950年に東京で創設された劇団だ。「芸術演劇を大衆の手へ」をモットーに、地方の工場や学校を巡演する活動を続けてきた。地方公演を繰り返していくなかで、劇団員たちは濃い人間関係を築いていく。そして63年、都心から離れた八王子の山中に劇団員の住まいとけいこ場を擁する集団生活の拠点を建設した。それがこの新制作座文化センターだ。

巡礼地を目指す我々が降り立ったのはJR中央線の高尾駅。そこからタクシーに乗って十数分。着いたのは山すそにある林の前だった。

アプローチ道路を上っていくと、目の前にプールのある広場が開け、それを囲むようにいくつかの建物が立っていた。マンションのような建物やログハウスも立っているが、それらは後から建て増されたもの。劇場棟、宿舎棟、本部棟の3つが最初からある建物である。かつてはここで200人以上の劇団関係者が生活していたというが、現在では十分の一に減ってしまった。外からは人の気配が感じられず、セミの声だけが聞こえる。

ささくれ立つようなコンクリート

劇団員の案内で、まずは劇場棟へ向かう。広場の突き当たりに見えていた巨大な壁が実は劇場のフライタワーで、野外劇場のホリゾント（舞台後方の吊り幕）にもなっているのであった。現在はタイル張りになっているが、当初はコンクリート打ち放しだったという。さぞや迫力があったに違いない。その状態で見てみたかった。奥に回ると、ひし形に網目を組んだような不思議な形の屋根が見えてくる。中に入ってみた。319席と規模はそれほど大きくないが、本格的な設備をもった劇場だった。しかし、この建物で公演を行うことはなく、あくまで劇団の練習のための施設である。

続いて宿舎棟へ。こちらは本部棟の裏側に回り込む細い道を上った先にあった。木々に隠れるようにして立っているが、強烈な存在感を放っている。コンクリート打ち放しの仕上げはささくれ立つように荒々しく、打ち継ぎの跡も生々しい。狭い部屋の中には2段ベッドが2組置かれ、4人ずつで生活していたというが、現在は使われていない。傷んでいる個所も見受けられるものの、建築としての魅力は少しも減じていないように見えた。

最後は本部棟へ。1階には事務室と浴室など、2階には畳敷きのけいこ場、食堂、会議室などの共用機能を収める。真山は女性の劇団員だけが炊事に追われて演劇の勉強に没頭できないという事態を避けるため、全員の食事を専任の者がつく

宿舎棟

本部棟

劇場棟

A 宿舎棟。現在は使われておらず、木々に隠れている | **B** 2階の飛び出した部分は、竣工当時バルコニーだったものを居室に改修したもの | **C** 宿舎棟は荒々しいコンクリート打ち放し仕上げが魅力的だが、傷んでいる個所も少なくない | **D** 事務室、けいこ場、食堂、浴場などを収める本部棟。2階を薄くシャープに見せている | **E** 本部棟2階の食堂 | **F** 劇場のフライタワー裏を利用した野外ステージ。フライタワーは当初、コンクリート打ち放しだったが、タイル張りに改修された | **G** 劇場を西側から見る。ひし形に編まれたような屋根の構造体がわかる | **H** 劇場の内部。公演を行うのではなく、練習のために使用する

るというやり方にこだわったという。新制作座の集団の倫理が、食堂という空間にも現れている[1]。

いずれの建物も、ローコストながら素材や架構の力強さがストレートに表れた傑作である。全体の配置も見事だ。

モダニズム建築のひとつの理念

これらの建物を設計したのはRIA建築綜合研究所（現アール・アイ・エー）。山口文象が53年に設立した設計事務所だ。戦前からジャンルを超えたさまざまな芸術活動とつながりを持っていた山口だが、新制作座の真山と以前から面識があったわけではないようだ。しかし、東京大学出身者が占める分離派のエリート臭を嫌って創宇社建築会を立ち上げた山口と、庶民意識からかけ離れた新劇を批判して分派した真山とは、いかにも気が合いそうではある。

ただし誤解してはならないのは、新制作座文化センターの設計者は、山口文象という個人ではないということ。50年代の初め、建築家がひとりの才能で設計することの矛盾を感じ、共同設計の可能性を探るために、山口が三輪正弘、植田一豊らとともに設立したのがRIAなのだ。

この時代の日本の建築界では、ほかにも共同に

よる設計の方法がさまざまな形で模索されていた。

54年に行われた総評会館の共同設計。これは労働組合の中央組織である総評が本部会館をつくるにあたって、設計事務所、ゼネコン、大学などさまざまな所属を持つ建築技術者が、自分の仕事を終えた夜に集まって、討議を重ねながら案をつくっていく方式で設計を成し遂げたものだ。また、50年代には前川國男の事務所では所属するスタッフがミド同人（86ページ参照）というグループで活動するし、吉阪隆正は共同で設計を行うための方法論として「不連続統一体」を唱えるようになった。複数の建築家による共同の設計事務所もこの頃にたくさん生まれている。連合設計社（吉田桂二・戎居研造ほか、57年）、林・山田・中原設計同人（林雅子・山田初子・中原暢子、58年）、設計連合（大谷幸夫・沖種郎、61年）などがそうだ。こうした傾向の先陣を切ったのが、RIAだったのだ。

スターに頼らない新制作座という演劇共同体の拠点も、RIAという建築共同体によって、生み出された。そこにはやはり必然があった。民衆のための合理的な建築を実現するのは、ひとりの天才建築家による思いつきではなく、民衆と同じ立場にある無名の技術者たちの共同なのだ——そんなモダニズム建築のひとつの理念を、ここにある建築群は強く感じさせてくれる。

[1]——本部棟は現在、星槎国際高等学校の校舎として使われている

「聞いたことはあるけれど、行ったことのない建築を見る」のが、この連載のテーマ。さて、東京で何を見るか？

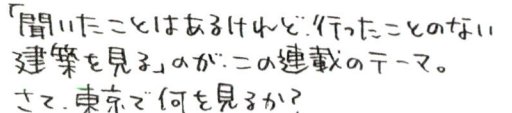

山口文象だな

ヤマグチブンゾウ？

八王子の新制作座！

ああ、分離派の…？

それしか知らない

「山口文象って誰だっけ？」そう思った方は右の解説を。「当然知ってる」という方は下の本編へ。

「山口文象って誰だっけ？」そう思った方は右の解説を。「当然知ってる」という方は下の本編へ。

いまさら聞けない
山口文象
（1902〜78）
Q & A

Q. 山口文象ってどんな人？

A. 職工徒弟学校を卒業後、清水組に入社。現場を担当するが、建築家にあこがれ、逓信省営繕課の製図工に転職。ここで山田守に認められ、分離派建築会の一員となる。※戦後は集団による設計手法を模索し「RIA建築綜合研究所」（現アール・アイ・エー）を設立。

Q.「分離派」って何？

A. 東京大学の同期生、山本鶴弥、堀口捨己、山田守らによって1920年に結成された近代建築運動グループ。様式建築から脱し、模倣によらない新しい建築を目指した。

Q. 蚊象？文象？

A. 出生時の戸籍名は瀧蔵。だが、青年時代から蚊象（ブンゾウ）を名乗った。1934年に設立した最初の事務所名は山口蚊象建築設計事務所。42年に文象に改名。"遊び心"のある人だったようだ。

「新制作座文化センター」は八王子市内のうっそうとした緑の中にある。

1963年

宿舎棟→

本部棟→

▲ 第1期竣工時（63年）の写真を見ると、斜面に雁行する形で立つ「宿舎棟」が目をひく。

▼ しかし、今は…「え？どこ？」。宿舎棟は木々にすっぽり覆われ、ほとんど見えない。

宿舎棟は10年ほど前からほっていません

老朽化が進んで…

現在

案内してくれた真山蘭里さん（役者）。4歳の時からここで暮らしている。

1963 · 昭和38年 ·

その輝きは真珠のごとく

村野・森建築事務所

日本生命日比谷ビル［日生劇場］

所在地：東京都千代田区有楽町1-1-1｜交通：東京メトロ日比谷線日比谷駅から徒歩1分
構造：SRC造｜階数：地下5階・地上8階｜延べ面積：4万2879m²
初出：2007年8月27日号

「モダン建築」をテーマに建物を見て回っている我々にとって、村野藤吾という建築家はなかなかにやっかいな存在だ。果たして彼の建築はモダンと言えるのかどうか。今回、取り上げる日本生命日比谷ビルは、まさにその問題を正面から突き付けた問題作である。

場所は皇居外苑の南側。日比谷公園から日比谷通りを挟んで向かい側にあたる。同じ通りには渡辺仁設計の第一生命館や谷口吉郎設計の帝国劇場などが立ち並び、すぐ隣にはかつてフランク・ロイド・ライト設計の帝国ホテルが立っていた。最近は東京の表参道が有名建築家がデザインを競い合う建築ストリートとなっているが、かつてはここがそんな感じで捉えられていたのだろう。

日本生命日比谷ビルは、事務所と劇場を組み合わせた複合建築で、一般にはその劇場の名前から「日生劇場」として知られている。外から見た建物の特徴は、花こう岩張りの外装。古典建築のオーダーを持ち込んだような窓まわりのデザインには、同時代の建築とは一線を画した重厚さが感じられる。だがよく見ると、1階の柱の上部が開口部になっていて、石を支える表現をあえて破っているのが分かる。

入り口から劇場ロビーに入ると、印象は一変する。アルミニウムを組み合わせた直線的でメタリックな天井が頭上を覆う空間は、アールデコのようでもあり、近未来風でもある。まるでSF映画のセットに迷い込んだかのようだ。

階段を上るとそこは穏やかな光に満たされたホワイエだ。手すりの曲線が軽やかに連続していく様子は、極上のモダン空間である。

そして劇場の内部に入ると、さらなる驚きが待っている。壁も天井も至る所がうねった曲面で、平らな個所はどこにもない。壁面にはガラスモザイクが、天井にはアコヤ貝が張られて、あやしい光を放っている。ここは海底の洞窟か、はたまた巨大な魚の胃袋の中か。空気までがひんやりと感じられる。

このように、この建物は外から中へと入っていくにつれ、いくつもの違った印象を訪問者に与える。

タマネギの皮をむくように

ここで思い出すのは、モダニズムを批判し、ポストモダニズムを主導したロバート・ヴェンチューリの議論である。彼が著書の『ラスベガス』（鹿島出版会）で言おうとしたことを要約するならこうだ。

モダニズムの建築はホンネ（空間やら構造やら機能やら）とタテマエ（外観）を一致させることにこだわった揚げ句、建物それ自体がアヒルの格好をした店舗のような珍妙なものになってしまった。建築と

A 劇場内部。うねるような曲面に取り囲まれる。こんな空間、ほかでは味わえない｜**B** 天井の曲面は石こうで形づくり、そこにアコヤ貝を張った。微妙な青い色が写真で伝わるかどうか……｜**C** 日比谷公園側から見た外観。壁は万成産花こう岩張り｜**D** 窓まわりの様子。ブロンズ鋳物で手すりがつくられている｜**E** 劇場ロビーの中2階。天井はアルミニウム材によるメタリックな仕上げ。床は大理石張り｜**F** 劇場ロビーの天井を見上げる。少しアールデコ風？ 劇場内部と見比べると同じ建築とは思えない｜**G** ホワイエの階段。繊細な手すりのデザインが美しい

は、ファサードに巨大な看板を掲げたロードサイドショップのように、ホンネとタテマエは無関係でかまわないのではないか——。

　日本生命日比谷ビルでは、ホンネとタテマエはもちろん一致していない。ならばホンネとタテマエの二元論に立つポストモダン建築を先取りしていたのかというと、それとも違う。この建物ではホンネを包み隠すように、二重三重にタテマエを偽装している。というか、そもそもホンネというのが存在するのだろうか。タマネギの皮をむいていったときのように、中心には何も残らないのではないか、そんな気にもなってくる。

　村野のこの作品は、モダニズムのセオリーを大きく逸脱していることは確かだ。そうかといってもちろん単なる様式建築とは言えない。また、ポストモダニズムはあらかじめ超越しているように見える。ならばいったい、この建築はどう位置付ければよいのだろう。

村野作品を特徴付けるアコヤ貝

　ところで、この建築を特徴付けている素材をひとつ挙げるなら、劇場の天井に使われたアコヤ貝だろう。村野作品では、その後の名古屋都ホテル（1963年、現存せず）、新高輪プリンスホテル（1982年、現・グランドプリンスホテル高輪）などでも見ることができるが、このきらびやかな材料を、建築材料として大々的に用いたのは、この建物が初めてである。

　アコヤ貝は真珠をつくる真珠貝として知られている。世界で出回っている真珠の9割以上はアコヤ貝を母貝として養殖されたものだという。

　真珠は不思議な宝石だ。それは生物の身体の中から生まれる鉱物なのだ。真珠がつくり出されるプロセスは、まず小さい石、貝のかけらなどが体内に入る。これを異物として認識した貝は、自分の身を守るためにその異物のまわりをカルシウムの結晶と有機質層で交互に塗り固めてしまう。その幾重にも及ぶ層が、シャボン玉と同じ原理で干渉色を生み出し、真珠特有の虹のような美しい輝きをつくり上げるのである。

　村野藤吾という建築家の活動もまた、生物が鉱物を生み出すような、異質なものの産出だったのではないだろうか。天性の造形家が、装飾否定のモダニズム時代に異物として放り込まれ、その相互作用のなかでモダニズムと様式建築を何層にも積み重ねていった。それが形となったのが、日本生命日比谷ビルなのだ。その輝きは真珠のごとく美しい。

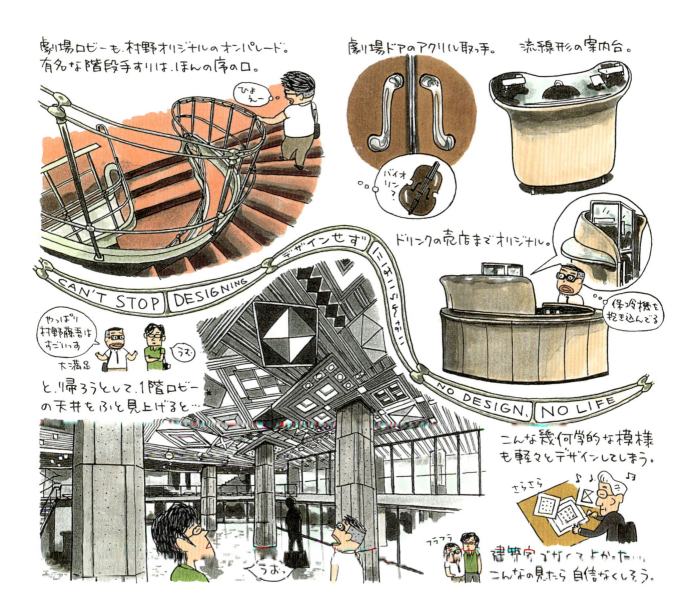

1963 ・昭和38年・

「依り代」としての建築
出雲大社庁の舎

菊竹清訓建築設計事務所

所在地：島根県出雲市大社町杵築東195
構造：RC造（プレキャスト・コンクリート、プレストレスト・コンクリート）
階数：地上1階、一部中2階および半地下 ｜ 延べ面積：631.02㎡
初出：2012年「菊竹清訓巡礼」

島根県

解体

復興期 1945–1955　　葛藤期 1956–1960　　飛躍期 1961–1964

　　出雲大社の境内では、菊竹清訓が設計した2つの建物が拝殿を挟んで向かい合う。庁の舎と神祐殿である。庁の舎は事務室と宝物展示の機能を収めた建物として1963年に完成。その後、宝物展示をより充実させるため、その機能を独立させた神祐殿が1981年に建てられた。それにより、現在の庁の舎は「御神楽、御祈祷、年貢受付所」として使われている[1]。

　　庁の舎と神祐殿はどちらも鉄筋コンクリート造だが、神祐殿が銅板ぶきの大屋根で壁面に影を落として目立たなくしているのに対し、鉄筋コンクリートのルーバーを全面に現した庁の舎は、桧皮ぶきの木造建築が立ち並ぶなかで明らかに異質だ。しかし1953年の火災で焼失した建物の建て替えという建設の経緯を聞くと、それも納得がいく。鉄筋コンクリートの仕上げをそのまま見せることで、建物の不燃性をまず表象したのである。

　　構造は大胆だ。架構の基本は門型のフレーム。平面は細長い長方形なので、短辺方向に梁が架かるフレームを並べればよいと考えるのが普通だが、菊竹はここで平面の長辺方向に大スパンの梁を掛けた。梁の長さは47m。通常の鉄筋コンクリートでは持たないので、材にあらかじめ圧縮応力を与えておき、荷重がかかっても引っ張りで壊れないプレストレスト・コンクリートが用いられている。この

建物では、コンクリート打設後に梁の中を通した鋼材に張力をかけて留めるポストテンション方式でこれを実現させている。

稲掛けから発想した台形の断面

　　門型のフレームは2基。その梁にプレキャスト・コンクリートの斜材を並べて建物全体を形づくる。梁に斜材を立てかけた姿は、刈り取られた稲を田で干す稲掛けの情景から、菊竹が発想したものと言われている。鉄筋コンクリートをむき出しにした建築が、境内の中で異質でありながらもそれなりになじんでいるように見えるのは、古くからある日本の農村風景に即した形態を採ったことによるのだろう。

　　最新の構造技術を用いながらも、日本の伝統美とも通じる形を生み出したこと。この建築が高く評価される理由の一つが、そこにある。

　　稲掛けの形をつくる斜材の間は、プレキャスト・コンクリート製の庇とガラスで覆われている。この建築には、外壁というものがほとんど存在していない。また、内部には自然光がふんだんに採り入れられている。

　　短辺方向に切った断面は、下に広がった台形。これは菊竹作品の一つの「かた」である。空中高

[1]——出雲大社庁の舎は老朽化のため2016年に解体された

A 全景。境内の西端に位置している。取材に訪れたときには、外壁面の一部がツル性の植物で緑化されていた｜**B** 階段室を間に挟む棟柱はプレキャスト板で覆われている。その模様は稲穂を連想させる｜**C** 内部は祈祷の待合室として使われているが、以前は宝物の展示が行われていた｜**D** 階段のディテール｜**E** キャンチレバーで張り出す中2階｜**F** 壁面の足元には換気用と思われる小窓が開いている｜**G** 裏側に張り出すHP（双曲放物線面）シェルの壁面｜**H** 台形の断面をした内部空間。左手の階段部分がHPシェルの壁になっている｜**I** 壁面緑化が行われる前の外観（2000年に撮影）

くに持ち上げれば江戸東京博物館（1992年）になるし、上下に積んでいけば樹状住居プロジェクト（1971年）やホテルCOSIMA（1994年）になる。銀座テアトルビル（1987年）も、台形を複雑に組み合わせたバリエーションだろう。

晩年の菊竹建築にまで見られる台形。それが現れた最初期の作品が、この出雲大社庁の舎である。

神道が菊竹建築に与えた影響

門型のフレームに話を戻そう。棟を支える柱が外側に飛び出た形式は、伊勢神宮など神明造の神社本殿に見られる棟持ち柱とも通じる。これは菊竹が後に設計する黒石ほるぷ子ども館（1975年）などにも見られるもので、これまた菊竹建築の重要な「かた」である。

菊竹は「柱が場をつくる」というテーゼを掲げ、柱が持つ象徴的な力を重要視した。そのきっかけとなったのがこの神社建築だったのではないか。

菊竹建築と神社との結び付きはそれだけにとどまらない。機能に関する考え方にも、それはうかがえる。

菊竹は建築における機能主義、つまり建築の形と機能が一義的に対応するとの捉え方を批判して、「建築は機能をすてる」と言った。建築の空間から機能が決まってしまうのではなく、その空間に人間が機能を発見していくのだ、と主張したのである。

この機能論は、古くなった建築に新しい機能を挿入することによって使い続けるというメタボリズムの理論として理解されてきた。しかし見方を変えると、神道における「依り代」の考え方に近いのではとも思う。

依り代とは神霊が憑依する対象物を指す。建築における機能は、空間と一体のものとしてあらかじめ存在するのではなく、空間に後から憑依する。建築家が行うべきは、機能を定めて設計するのではなく、いかに「依り代」になりやすい空間を設計するか、なのである。

出雲大社庁の舎は、当初の宝物殿としての機能は失った。しかし建築としての輝きは、少しも減じていない。それこそが「依り代」としての建築の在り方である。

No.43

菊竹清訓を一躍、スター建築家に押し上げた出雲大社・庁の舎。着工時(1961年)、菊竹は33歳。そんな若造に、よくこんな重要な場所の設計を任せたなぁ…。

取材時は遷宮のため、本殿は素屋根で覆われて見えなかった。

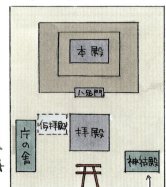

1981年に竣工した神祐殿も菊竹の設計。

竣工時の外観(東側)は、こんな感じ。プレストレストコンクリートの棟梁(全長50m)と、プレキャストコンクリートの外壁が強い印象を放っていた。

現在は、コンクリートの表面が黒ずみ、一部が仮設の拝殿で隠れていることもあり、言われなければ気付かないくらい。

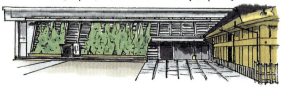

ほとんど人目に触れない西側の階段室の造形が実は面白い。

「うわ、なぜここだけHPシェル？」

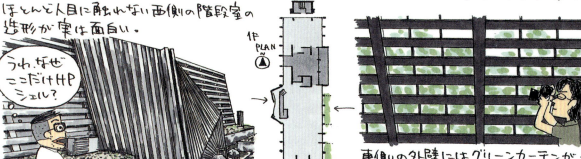

東側の外壁にはグリーンカーテンが…。室内から緑が透けて見え、なかなか面白い。

この建築は、菊竹が「3段階アプローチ」に取り組み始めた初期の作品として知られる。

 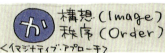

宮沢はこの建築の「か」が「日本の伝統木造に対する、コンクリートによる新しい和の表現」であり、それを実現するための「かた」が「プレストレストの大架構＋プレキャストの外壁」なのだと思っていた。

え??そうなの

ところが、菊竹が竣工時に書いた文章を読むと、「か」が全く違っていた。

「出雲大社庁の舎の設計にあたって、私の終局的に求め得た機能は『あかり』である。(中略) 神域を照らす『あかり』としての庁の舎の構想からようやく設計はスタートできたのである。

そうか。だから完成時の記事は夜景の写真が多いのか…。

菊竹はなんと「外壁をすべて強化色ガラスで覆いたい」と考えていた。

↑緑色ガラス張りの想像図

しかし、当時のガラス技術では無理と断念。「一時」の外壁としてプレキャストコンクリートを採用したのだという。「私の生涯のうちに、何とかあの色のガラスの外壁に取り替えたい」とも…。うーん実現してほしい

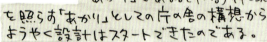

ところで、3段階アプローチの「かた」と「かたち」はわかりやすいが、「か」が何なのかわかりにくい。せめて、今回、菊竹の文章を読んでわかった。菊竹は「イマジナティブ・アプローチの目標は↑

そうか!「あかり」か!

↑新しい機能の発見である」と書いている。「皆どううん考えた末に『新しい機能』を発見する→だから、こう覚えてほしい。

か! → かた → かたち
発見!

•昭和38年•
1963 寄り道

HPシェルと折板構造のガメラ

坂倉準三建築研究所

市村記念体育館

所在地:佐賀市城内2-1-35｜交通:JR佐賀駅から市営バスで県庁舎下車、徒歩約15分
構造:RC造｜階数:地下1階・地上4階｜延べ面積:4318m^2
初出:2006年「昭和モダン建築巡礼 西日本編」

— 佐賀県

佐賀県立博物館(1970年)を見るために出向いたのだが、隣にあるこの体育館に心を奪われてしまった。体育施設としては廃止が決定している

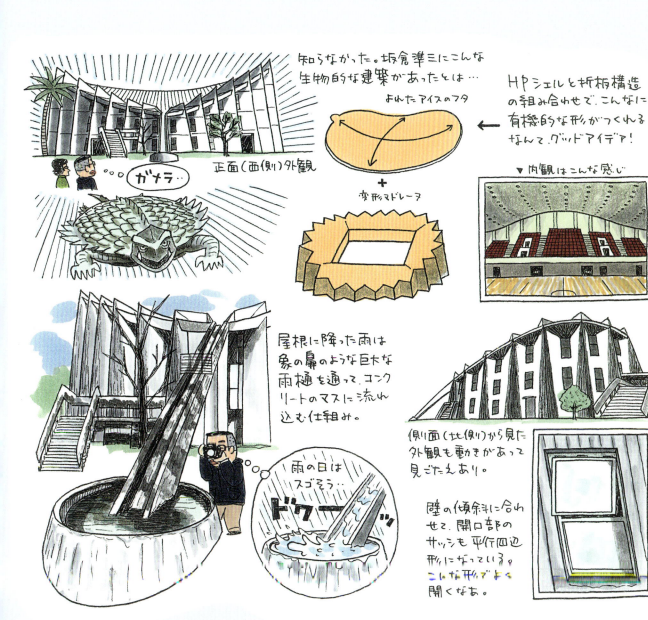

1964 空に浮かぶ客室

・昭和39年・

菊竹清訓建築設計事務所

東光園

所在地：鳥取県米子市皆生温泉 3-17-7 │ 交通：JR米子駅からタクシーで15分
構造：SRC造吊り下げ構造 │ 階数：地下1階・地上7階 │ 延べ面積：3356m²(竣工時)
初出：2005年8月8日号

鳥取県

相変わらずの温泉人気である。それも最近は、外湯が良いだの、かけ流しじゃなきゃダメだのと、評価基準も厳しくなっているようだ。では、モダン建築の愛好者が温泉ランキングをつくるとするならどうなるか。全国に数々の名湯がある中、まず挙げられそうなのが皆生温泉にある東光園である。なにせ菊竹清訓が設計した素晴らしい建築を鑑賞しながら露天風呂につかれるのだ。浴槽から見えるのは一部分だけだが、それにしてもこれ以上の極楽があろうか。

皆生温泉に行くには米子駅からタクシーに乗る。15分ほどすると日本海に面した温泉地に着く。東光園に泊まるのは2度目だ。ただし、以前の宿泊は北側にある「喜多の館」の方だった。そこも良かったのだが、今回は晴れて本館「天台」に泊まれるのである。わくわくした気分で5階の客室へと上がった。

客室は畳敷きの純然たる和室だった。木造の和風建築にいる気分である。しかし窓からの景色が何か妙に感じられる。見えるのは霊峰大山。そして彫刻家の流政之がつくった日本庭園だ。和室から日本庭園が見えるのは当たり前だが、見える角度が不思議。はるか高い所から見下ろしているのである。和室の窓からは通常ならありえない光景が目の前に広がっている。

吊り下げられた5-6階

東光園の本館は外から見ても不思議な建物だ。1階から3階まで建物があり、4階がまるまる抜けていて、5階から上がまたある。どうしてこんなことをしたのか。

それはこの建物が和風旅館に由来するホテルであることに理由がある。客室を和風建築の繊細なプロポーションで実現するには、鉄筋コンクリートの太い柱や梁が現れてはならない。そこで5階、6階は7階にある太い梁からまるごと吊るようにしたのである。階高を抑えたシャープな高層階は、この構造的なアイデアによって実現した。

それを支えるのが特徴的な組み柱だ。組み柱は真ん中の主柱とそれをサポートする3本の細い柱が、貫でつながれている。これが6組、建物の4階までを貫き、そこから上は主柱だけが延びている。組み柱は外からも見え、強さを表現するとともに、ロビーの中にも出現し、空間に力を注入している。

東光園の本館が完成したのは1964年。当時の菊竹は〈か・かた・かたち〉の方法論にこだわっていた。設計のプロセスでいうと、「か」は構想的段階、「かた」は技術的段階、「かたち」は形態的段階に当たる。それぞれの段階で追求を行うた

A 建物の東側に階段室とエレベータータワーが突き出る｜B 階段室を見上げる。階高の違いがそのまま奥行きの違いに反映されている｜C 東側から見た全景。庭園は彫刻家・流政之の作｜D 玄関口のある西側からの見上げ｜E 4階の空中庭園。「喜多の館」への連絡通路以外には何もない｜F ロビー。組み柱が圧倒的な迫力で空間を支配する｜G 7階のレストラン。シェルの屋根が天井に現れている｜H 5階の客室。和風建築に不似合いな太い柱梁は室内に現れていない｜I 客室の浴室から庭園を見下ろす

め、ともすると最終的な「かたち」よりも「か」や「かた」の方が勝ってしまう作品も少なくない。言い換えるならば、格好悪い建築をつくるのを恐れない、それが菊竹という建築家なのだ。

しかし東光園の場合、「か」「かた」「かたち」のすべてが高いレベルで実現している。菊竹作品で最も美しい建築と言ってもいいだろう。

小泉八雲の「空中浮揚」

菊竹の作品は、隣の島根県にたくさんある。特に米子市から県境を挟んで向こう側の松江市には、博物館（1959年）、図書館（1968年）、美術館（1999年）などが集中している。菊竹が東光園の設計者として声を掛けられたのも、島根県立博物館の設計をしていたときのことだという。だからここで松江ゆかりの有名人の話をしても的外れではないだろう。

『怪談』で有名な明治の文筆家、小泉八雲（ラフカディオ・ハーン）は、英語教師として松江に滞在した。1890年から1年3カ月のみだったが、その間に妻をめとり、この地方で体験した様々なことを文章に残している。ちなみに小泉八雲の墓は菊竹の事務所や自邸にほど近い東京の雑司が谷霊園にある。

八雲の著書に、東光園の名前をズバリ連想させる『光は東方より』というエッセイ集がある。その中に収録されている「空中浮揚」について触れてみたい。これは空を飛ぶ夢についてつづった文章である。空を飛ぶ夢は、体が落下するところから始まるという。

「身体はどんどん落ちていく──それでも、恐れていた衝撃は来なかった。そのうちに恐怖が薄れ、代わりに奇妙な快感をおぼえるようになった。と言うのも、自分が急速に落下しているのではなく、空中を漂っているだけだとわかったからである」（河島弘美訳、講談社学術文庫）。

東光園の客室から見た日本庭園は、まさにそんな夢の中のような光景だった。

言うなれば東光園の客室は、夢の中で飛行する我々と同じく、永遠に地面に衝突することなく落ち続けている。吊り下げ構造は、重力によって落ちていく建築をある時点で捉え、その瞬間を永遠に引き延ばしていこうとするものだ。それは実際にはほんの数分しかたっていないのに、眠っている本人には長い時間経過に感じられる夢の作用に似ている。

東光園の美しさには、そんな夢の魔法が働いているのである。

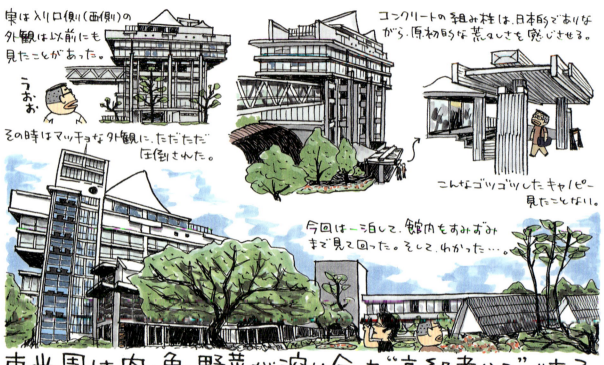

東光園は肉・魚・野菜が溶け合った"高級煮込み"である。

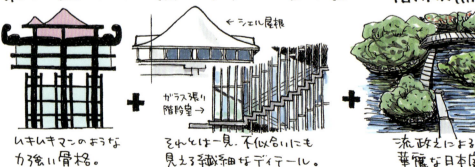

No.46

昭和39年 1964

つけまつげをした"男装の麗人"

村野・森建築事務所

甲南女子大学

所在地：神戸市東灘区森北町6-2-23 ｜ 交通：JR甲南山手駅から徒歩10分
構造：RC造・S造 ｜ 階数：地上3階（管理棟）｜ 延べ面積：3565m²（第一期合計）
初出：2006年1月23日号

兵庫県

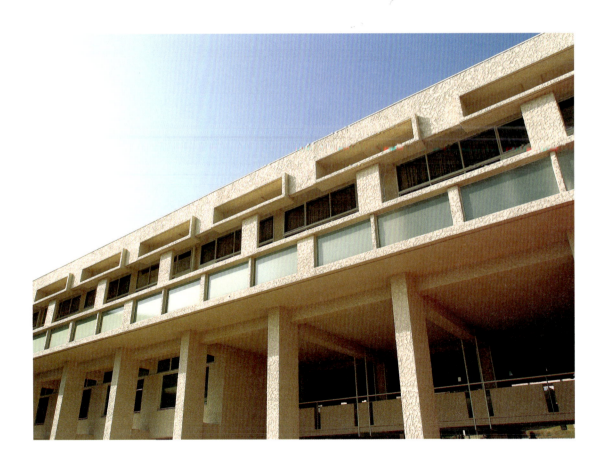

甲南女子大学キャンパスは神戸市東灘区の山の手にある。急な坂道を上っていくと、突然に視界が開けて、クリーム色の校舎群が目に飛び込んできた。車を降りたのは池の前。振り返ると眼下に、神戸の街を越えて遠く海までが見渡せる。

この場所に村野藤吾の設計で建物がつくられ、大学が開学したのは1964年。この時点では管理棟、文学部棟（現3号館）、学生会館など6棟のみだったが、その後も村野の事務所の設計で校舎や図書館、講堂が増築されていき、現在では斜面状の敷地が建物でほぼ埋め尽くされた格好となっている。それでもキャンパスが整然として感じられるのは、東西に長い建物を稜線に沿って並べ、斜路を南北に走らせる明快な配置計画のおかげだろう。

村野建築には珍しいガラスの壁

この大学、非常に村野らしい作品と言えるし、同時に異色作でもある。

リズミカルに並ぶ壁柱で重心を持ち上げた管理棟のファサードなどはまさに村野流の美学。屋外階段の端正なまとめ方も見ているだけで唸り声が出る。奥行きのある開口部のデザインもいい。「深窓の令嬢」という言葉がふと頭をよぎる。

1976年に完成した図書館も存在感たっぷりだ。

こちらは円柱のような階段室が四隅を支えて、クラシックな美しさを感じさせる。

外壁の仕上げは、ほとんどの建物がモルタルを吹き付けた後にコテで粗く押さえている。陰影のある質感にこだわった村野らしい表現である。『新建築』1964年12月号の記事を読むと、村野は設計段階では白い壁を想定していたが、出来上がってみると工事中の土煙が壁を汚してくすんだ色になってしまった。「それがかえって、計画的にやったように思われぬこともない」と裏話まで明かしている。出来た瞬間が一番美しいのではなく、時間がたつにつれて見栄えがよくなる建築。村野が求めたのが、そうした建築だったことをうかがわせるエピソードだ。

一方で甲南女子大学が異色作とされるのは、キャンパス南端にある学生会館の存在からである。村野作品としては珍しく、ガラス・カーテンウオールを採用しているのだ。

先に触れたとおり、村野は石、タイル、モルタルといった素材を好んで用いた。金属系の材料を使う場合にも鋳物にして工芸的な表現をとることが多い。ツルリとした平滑な面は嫌悪しているようだ。1931年に村野が発表した文章では、様式建築を否定する近代主義者に対し、「ちえ！馬鹿にしてらあ。あの薄っぺらな銀行に金が預けられるけえ！」

A 学生会館からキャンパスを見渡す。庭からは海まで一望できる｜**B** 管理棟から2列で延びる階段状の渡り廊下｜**C** ガラス・カーテンウオールの学生会館。階が建て増しされているが、当初のデザインが踏襲されている｜**D** 管理棟端部にある屋外階段｜**E** 講義棟(9号館)の壁面。「ブッツケスタッコ」の仕上げが分かる｜**F** 1976年に完成した阿部記念図書館。四隅の円筒内部は階段とトイレになっている｜**G** 図書館内部。2階の閲覧卓は5層吹き抜けになっている

と啖呵（たんか）を切ったほどである。

それなのになぜ、甲南女子大学のなかでこの建物だけガラスのカーテンウオールを使ったのか。これは推測だが、全体では学問の府にふさわしい建物づくりが目指されたのに対し、学生会館だけはそれとは別の、学生のためのカジュアルな空間という役割が与えられたのだろう。あるいは造成地の先端に建つために、建物重量をなるべく軽くしたかったという理由もあるかもしれない。そうした理由が組み合わさって、あえて「薄っぺら」な表現としたのだろう。

しかし透明な感じは悪くなく、キャンパスのなかで見事なアクセントとなっている。雲が映り込み空と一体となった建物の姿は、なんともすがすがしく気持ちが良い。村野はガラス建築をやらなかったが、いざやってみれば人並み以上にウマイのである。

モダニズムを装うというねじれ

さて、キャンパスのなかで大きな見せ場となっているのが、管理棟から北に延びる2列の階段状の渡り廊下だ。芝生を挟んで行き来する人の流れが見えるのも楽しいし、折れ曲がりながら続くキャノピーも軽快でよい。こんな階段だったら、上り下りも苦にならないだろう。

この渡り廊下は、一番手前に立つ管理棟のピロティを抜けると目の前にドンと現れる。まるで「幕が上がると舞台の上には大階段が現れました」という感じ。そう、これは宝塚歌劇の印象なのだ。

村野藤吾と歌劇というと、無茶苦茶な取り合わせに思われるかもしれない。しかし、村野の自邸は宝塚にあったのだ。宝塚ファミリーランドの大劇場に何度か足を運んだとしてもおかしくないだろう。

そうやって考えていくと、村野建築の装飾的な一面は、宝塚歌劇の舞台や衣装のきらびやかさと通じるような気もしてくる。1963年に完成した日生劇場（ちなみにここは宝塚歌劇の東京公演にも使われている）の輝くアコヤ貝の天井はスパンコールだし、新高輪プリンスホテル（1982年）の宴会場のシャンデリアは背中に付ける羽根飾りだ。

甲南女子大学では、横に長い長方形の開口が多用されている。横長の窓といえば、ル・コルビュジエが提唱した近代建築の5原則の一つだが、それがここでは執拗に繰り返され、ときには装飾的なモチーフともなっている。それはあたかも、女の役者が濃い化粧を施すことによって男役を演じるというねじれた身振りに近い。スタッフ仕上げがドーランなら、横長の長方形はつけまつげである。

男装の麗人が振りまく魅力、それを甲南女子大学の建築に感じるのは倒錯的だろうか。

キャンパス内の建物に共通して用いられている
モチーフは、こんな ▭ 偏平な長方形!

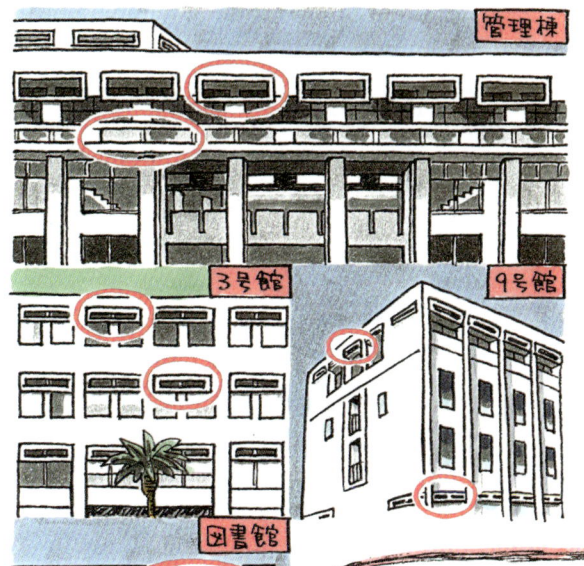

管理棟

3号館

9号館

図書館

学生会館

「君たち、こんな単純な
形でも、オリジナリティ
は出せるんだよ」。
村野のそんな声が
聞こえてきそうな、
あっけらかんとした
ディテール群。

達観
してるなー

村野藤吾
(1891〜1984)

ふぉっ
ふぉっ

言わずと知れた
日本現代建築の
けん引者。93歳で
亡くなる直前まで
鉛筆を握っていた
という。

この大学を見て思い出したのは、
村野藤吾がしばしば口にした
という、このフレーズ。「99%は頼んだ
人のもの。しかし、最後の1%が
全体を支配する」…。

「1%の村野」は本当だった

第1期竣工時に村野が書いた文章を読むと、
当初案では1〜2階建ての低層の校舎を有機
的に連結させるアイデアだった。だが、学校側
の希望によって敷地を集約的に利用する画に置
になったという。

これで ダメ

低層を
有機的配置

想像図

しかし、村野はくさらなかった。
99%は学校側の要望に従い
ながら、残りの1% ▭ こんな
シンプルな形で全体を村野色
に染めてしまったのだ。

私には
1%の聖域
がある…

やっぱりすごいぞ、村野藤吾!

No.47

・昭和39年・
1964

雪の中、卍の城で

前川國男建築設計事務所

弘前市民会館

所在地：青森県弘前市大字下白銀町1-6｜交通：JR弘前駅から弘南バスで市役所前公園入口下車、徒歩5分
構造：RC造｜地下1階・地上3階｜延べ面積：5594m²
初出：2008年2月25日号

辺りは一面の雪景色だった。色がない、音もない世界。その中に弘前市民会館は立っていた。設計したのは前川國男。戦後日本のモダニズム建築を先頭に立ってけん引した、「闘将」とも称される建築家である。

雲が途切れて晴れ間が訪れる。すると打ち放しコンクリートの壁が雪に反射した光でまばゆく輝き出した。そこに浮かび上がる木々の影。世界は一瞬のうちに息を吹き返したようだ。寒さで体は凍えていたが、雪の中で建築を見るのは、これはこれで悪くない。

建物の中へと足を踏み入れる。ホワイエの内装は打ち放しを基調としながら、壁や天井に赤や青など鮮やかな色が使われていた。神奈川県立図書館・音楽堂(1954年、62ページ参照)などでも見られる前川お得意の手法だが、無彩色の外の風景との対比で、より劇的に見る者に迫ってくる。

ホールへと入ろう。そこはまるで楽器の中にいるかのようだった。音響効果を考えてデザインされた壁面は、すべてブナ材で構成されている。明るい色の木の質感が、訪れた観客の冷えた体を、まず目から温めてくれることだろう。音の響きも心なしか優しく感じられる。

市民会館は、弘前市の中心部にある弘前城の中に立つ。弘前城は津軽信牧の手により、1611年に完成。当初の天守閣は焼失し、現在に残る3層の天守は隅櫓として建てられたものを改修したものである。規模は決して大きくないが、日本に残る数少ない江戸時代に建てられた現存天守であり、国の重要文化財にも指定されている。

カギ形に回り込む動線

日本の城の内部は、動線が複雑に曲がりくねっている。攻撃してくる敵が本丸に到達するまでの時間を稼ぎ、防衛しやすくするためだ。弘前城もそうだった。門をくぐった途端、目の前を遮る壁が現れ、たどり着く先はなかなか見えない。そんな道行きを楽しみながら、思い出したのは前川が設計した埼玉県立博物館(1971年、現・埼玉県立歴史と民俗の博物館)だ。あの博物館では、建物の外側を回り込み、カギ形に折れたアプローチの奥にエントランスがある。

折れ曲がり遠回りする動線の組み立て方は、後期の前川作品に共通して見られるものだ。彼が若いころに師事していたル・コルビュジエの建築的プロムナードとの関連で語られることもあるが、前川の発想のルーツには、実は日本の城郭があったのではないか。

前川の作品には、岡山美術館(1963年、現・林

A 南側から見る。左がが管理棟、正面が大ホール棟｜**B** 東側から見た大ホール棟の外観。パラペット先端のキャップは1977年の改修工事で加えられた｜**C** 車寄棟から大ホール棟を見る｜**D** 大ホールの内壁｜**E** 大ホールのホワイエにある階段｜**F** 大ホール内部。緞帳の絵は棟方志功によるもの｜**G** 管理棟内部の吹抜

原美術館)、熊本県立美術館(1977年)、福岡市美術館(1979年)など、ほかにも城跡に建てられた作品が少なくない。江戸城跡に隣接して建てられた東京海上ビルディング(1974年)をそれに含めてもいい。前川は日本の城を何度も眺め、その空間を歩きながら建築を考えていた。そのきっかけが、この弘前の城だった、とも考えられる。

弘前のシンボルが前川の平面に

　そう。前川は若いころから何度も弘前を訪れ、作品を数多く残している。デビュー作となった木村産業研究所(1932年)を皮切りに、弘前中央高校講堂(1954年)、弘前市庁舎(1958年)、弘前市民会館(1964年)、弘前市立病院(1971年)、弘前市立博物館(1976年)、弘前市緑の相談所(1980年)、弘前市斎場(1983年)と、合わせて8作品。そのすべてが現存する。

　今回の取材でも一通り見て回ったのだが、初期から晩年まで、各時代の作品が満遍なくあるところが素晴らしい。日本のモダニズム建築を築き上げた建築家の思考の跡を、一つの町にいて追うことができるのだ。弘前は建築家・前川の出発点であり、到達点であった。

　市民会館に話を戻そう。この建物には、ホール棟と別に事務室や会議室を収める付属棟が立っていて、その2棟を車寄せがつないでいる。この構成について、生誕100年を記念して開かれた前川國男展のカタログ(『建築家・前川國男の仕事』として美術出版社から出版)では、こんなふうに説明していた。

　「核となる棟と棟を卍型の一辺で配置する平面構成は、『在盤谷日本文化会館コンペ応募案』や『神奈川県立図書館・音楽堂』などにみられ、前川建築のプロトタイプのひとつ」

　なるほど確かにそのとおりで、乚型の平面構成は世田谷区民会館(1960年)や、弘前市斎場などにも現れている。

　卍は仏教で幸福と功徳を示すシンボルである。寺を表す記号として用いられていることはご存じの通り。弘前城の南には立派な寺町があり、地図で見ると卍だらけである。

　それとは別に、弘前の町を歩いていると、ところどころで卍のマークを見かける。例えばマンホールの蓋をよく見るとそれが描かれている。実は卍は、弘前を治めていた津軽藩の旗印であり、それが弘前市の市章に継承されて今も使われているのだ。

　前川の平面計画が、弘前の市章から採られたと主張するつもりはないが、ひとつの面白い符合である。卍は弘前のシンボルであり、前川建築のシンボルなのである。

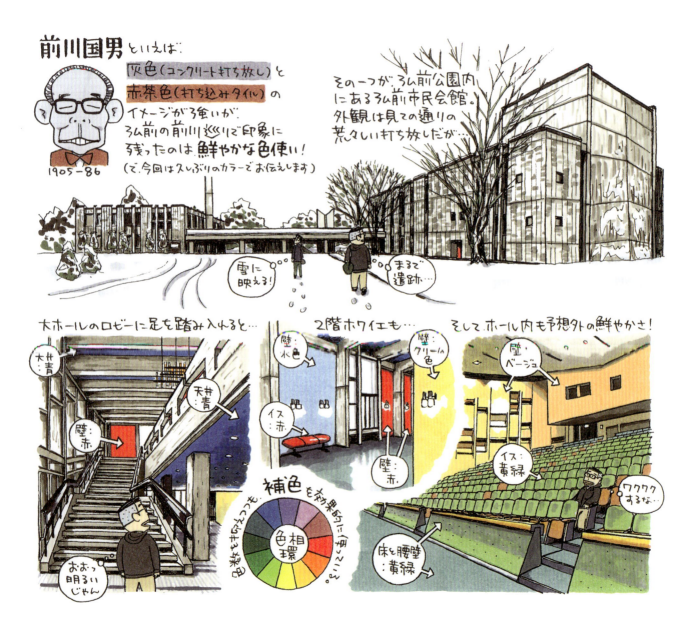

| 復興期 1945–1955 | 葛藤期 1956–1960 | 飛躍期 1961–1964 |

1964 ・昭和39年・ 寄り道

京都タワービル
放物線は前衛建築のしるし

山田守建築事務所

初出：2006年『昭和モダン建築巡礼 西日本編』
構造：SRC造｜階数：地下3階・地上9階｜延べ面積：2万6256m²
所在地：京都市下京区東塩小路町721-1｜交通：JR京都駅から徒歩3分

京都府

設計者の山田守は、大正時代の前衛建築グループ、分離派の中心人物。日本武道館（1964年）も山田の設計

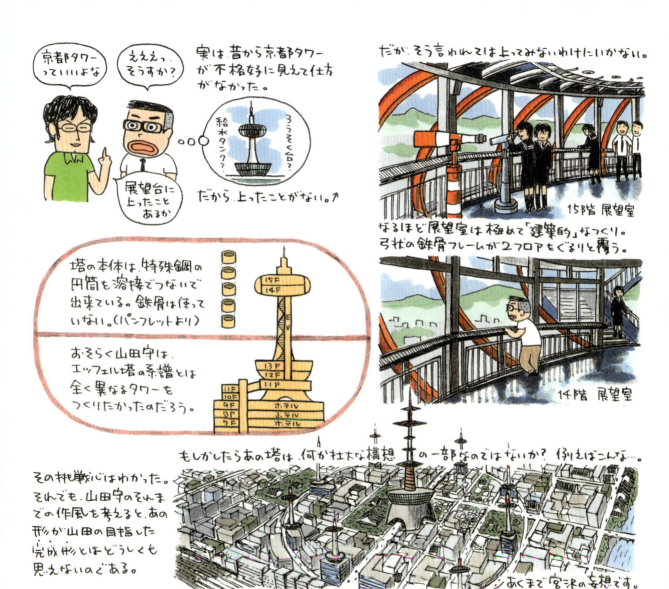

No.49

・昭和39年・
1964

宙に浮くグリッド

芦原義信建築設計研究所

武蔵野美術大学アトリエ棟[現・4号館]

所在地：東京都小平市小川町1-736 ｜ 交通：西武国分寺線鷹の台駅から徒歩18分
構造：RC造一部S造 ｜ 階数：地上2階 ｜ 延べ面積：3829m²
初出：2018年1月11日号

東京都

復興期 1945-1955　　葛藤期 1956-1960　　飛躍期 1961-1964

1964年の東京オリンピック開催で会場施設が数多く建設された。そのなかで丹下健三の設計による国立屋内総合競技場（国立代々木競技場、284ページ参照）と並んで、建築として特に高い評価を得たのが駒沢体育館（258ページ参照）だ。これを設計した芦原義信は、同じ年にもう1つの名作を竣工させている。それが武蔵野美術大学のアトリエ棟である。

16室あるアトリエの部屋はすべて同じ正方形の平面で、北側だけ切妻状に立ち上がる。そこに設けたハイサイドライトから、室内には穏やかな光が入ってくる。現在は照明設備も設けられているが、竣工当初はこの自然光だけで、絵画が描かれていた。

異様なのは全体の平面だ。南北と東西、それぞれの方向に長さ約64mの鉄筋コンクリート（RC）の壁が7枚、等間隔で並べられ、それによって6×6個のマス目が生み出される。

マス目は2×3個でひとまとまりとなる6つのグループに分割され、それぞれがプラッツァと呼ばれる中庭のマスをアトリエのマスが3方向から囲む格好となっている。残りの2マスは吹き抜けだ。

このアトリエがあるフロアは全体が柱で持ち上げられ、その下はピロティになっている。1階にはトイレなどの部屋がわずかに散在するだけ。2階へは、

プラッツァごとに設けられたらせん階段を使って上がる。他に類例のないユニークな建物の構成だ。

建築博物館のようなキャンパス

武蔵野美術大学は帝国美術学校として1929年に始まった。当初は東京・武蔵野市の吉祥寺にあったが、1961年に現在の小平市へと移る。当初はプレハブの校舎と女子寮があるだけだった。そこに初めて建ち上がった本格的建築が、このアトリエ棟だった。

アトリエ棟が完成したのと同じ年、武蔵野美術大学に造形学部産業デザイン学科建築デザイン専攻として、現在の建築学科がスタート。その教授として芦原が就任する。

芦原はアトリエ棟に続いて、デザイン棟（1965年、現・7号館）、美術資料図書館（1967年、現・美術館）、本館（1968年、現・1号館）など、キャンパス内に次々と建物を設計していった。

1970年代以降は、坂本一成、保坂陽一郎、竹山実、宮下勇といった、武蔵野美術大学で教壇に立った歴代の建築家たちが、芦原義信とともに新設の各棟を設計するようになる。そして2011年に完成した図書館の新棟では、学外の藤本壮介が設計を担当した。

A 南東方向から見た外観。壁梁の端部が突き出している｜**B** ピロティから南方向を見る｜**C** ピロティ部の独立柱は2008年の耐震改修工事の際に鉄骨ピースを入れて補強した｜**D** アトリエに囲まれた2階プラッツァ。左奥に見えるのは、芦原建築設計研究所による設計で1991年に竣工した12号館｜**E** アトリエの内部。北側のプロフィリット・ガラスを通して光が入る。当初は照明が設置されていなかった｜**F** 2階のプラッツァへと上がるらせん階段。ピロティに上から光を落とす機能も持つ

そうそうたる建築家の作品が並ぶ建築博物館のようなキャンパスだが、その中でもアトリエ棟は抜群に目を引く建物であり続けた。

その価値は大学の経営側にも認められており、4号館と名前が変わったアトリエ棟は、2008年に保存改修が施され、今も現役の校舎として使われている。

ミースに先んじる？

類例がないとは書いたが、設計にあたって何か参考にされたものはあるはずだ。

憶測になるが、ミース・ファン・デル・ローエによる、米国イリノイ工科大学のキャンパス計画が、芦原の頭の片隅にあったのではないか。大学キャンパスの設計に初めて関わることになって、モダニズムの巨匠が手掛けた前例にあたるのは自然なことだろう。

武蔵野美術大学アトリエ棟とイリノイ工科大学に共通している点は何か。それはグリッドだ。

ミースはイリノイ工科大学のキャンパス計画において、まず敷地全体が均質なグリッドで覆われていると仮定し、そのマス目の一部を塗りつぶすようにしてクラウンホール（1956年）など、各施設の配置を考えていった。

芦原もこのグリッドにみせられて、マス目とその塗りつぶしによる設計という手法を、このアトリエ棟で試したのではなかろうか。

違うのは、ミースのグリッドはあくまでも仮想のものであるのに対し、芦原はグリッドを物理的にこしらえて、それをピロティで持ち上げてしまったところ。ミースもまた、宙に持ち上げたグリッドを、ドイツの新ナショナル・ギャラリー（1968年）の天井として実現させるが、先んじているのは芦原である。

興味深いのは、芦原がアトリエ棟の後に進めていったキャンパスの配置計画で、矩形の中庭をアトリエ棟、本館、デザイン棟、美術資料図書館が四方から囲む様子は、「アトリエ棟のプラッツァをアトリエ群が囲む構成」を、スケールを変えて反復しているとも取れること。武蔵野美術大学のキャンパスにも、仮想のグリッドは広がっていたようなのだ。

その後、隙間を埋めるようにして校舎が建てられていったため、現在ではキャンパスのグリッド性は不明瞭である。しかしアトリエ棟が1つあることによって、それは今でも思い起こすことができるものになっている。

大学キャンパスの刷新が相次いでいる。老朽化した校舎を取り壊し、高層化することが当たり前となる風潮のなかで、キャンパスの中にあるこんな低層で無駄の多い校舎を耐震補強して残す決断をした武蔵野美術大学は本当にエライと思う。

勇れ足せながら、2008年に耐震補強を含む再生工事を実施した武蔵野美術大学鷹の台校舎・アトリエ棟(4号館)を訪ねた。

1階ピロティ(現状)

改修前、ピロティにはプレハブが乱雑に立ち並び、空間が見通せなくなっていた。今は東西南北ともすっきり見通せる。

地中梁

柱の上に井桁状に載った陸梁は、東西方向は柱とつながっているが南北は緊結されていなかった。耐震性を高めるため、南北方向の柱脚部を地中梁でつないだ。

柱頭部は南北面に箱形の鉄骨ピースを取り付けて、陸梁がずれ落ちないようにした。元からあった部材のよう。

復興期 1945−1955　葛藤期 1956−1960　**飛躍期 1961−1964**　　　　　　　　　　　　　　　　　　　257

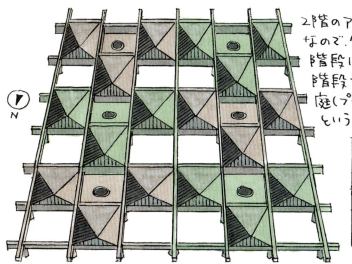

2階のアトリエ教室は、3室で1ユニットになっている。なので、全18室に対して、らせん階段は6つ。(カッコイイ！→)階段を上るとタイル床の前庭(プラッツァ)がある。校舎というより集合住宅のよう。

教室内は、北側上部の三角開口部から、半透明のプロフィリットガラスを通して、柔らかな光が差し込む。→完成時の『新建築』を見ると、このプランの決定に至るまでの"光"の計算について、3ページ、5000字もの文章が書かれている。大変だったんだなぁ…。

でも、それって今でいう「アルゴリズミック・デザイン」？今だったら3D解析ですっかい？問いて結論が出そう。←もしかしたら、AI(人工知能)がこんな高層案も設計してくるかも。

1964 昭和39年

塔を見るピアッツァ

駒沢体育館

芦原義信建築設計研究所

所在地:東京都世田谷区駒沢公園1-1│交通:東急田園都市線駒沢大学駅から徒歩20分
構造:SRC造・RC造(HPシェル構造)│階数:地下1階・地上2階│延べ面積:8495m²(付属棟含む)
初出:2019年1月10日号

駒沢陸上競技場

村田政真建築設計事務所

所在地:東京都世田谷区駒沢公園1-1│交通:東急田園都市線駒沢大学駅から徒歩20分
構造:RC造│階数:地上2階│延べ面積:1万2060m²
初出:2019年1月10日号

東京都

1964年の東京オリンピックで、神宮外苑や代々木ワシントンハイツ跡とともに、競技会場を集中配置したのが駒沢オリンピック公園だ。この場所は、日中戦争の激化によって幻となった1940年の東京オリンピックでも主会場になるはずだった。

戦後はプロ野球の東映フライヤーズ（現在の北海道日本ハムファイターズ）が本拠地として使ったりしていたが（現存する野球場とは異なる）、東京で五輪の開催が決まり、新たに整備し直された。バレーボール会場だった屋内球技場は建て替えられてしまったが、レスリング会場だった体育館とサッカー会場だった陸上競技場などは、現在も残っていて、様々なスポーツに使われている。

4本の登り梁とその間に架けられたHPシェルによる独特の屋根を架けているのが体育館だ。建物は半分埋まった格好で、アリーナは地下レベルにある。東西南北にそれぞれ延びた庇の下にはサンクンガーデンが設けられていたが、1991年から93年にかけて行われた改修工事で、上にガラス屋根が架けられ、ウオーミングアップ場、メモリアルギャラリー、カフェテリアとなっている。

設計したのは、武蔵野美術大学アトリエ棟（1964年、252ページ参照）や東京・銀座のソニービル（1966年、現存せず）などを手掛けた芦原義信だ。設計に取り掛かる直前には、ロックフェラー財団の助成を受けて、米国とヨーロッパを回る研究旅行に出掛けている。研究のテーマは「外部空間の構成」。その成果が表れているのが、建物前の広場だ。

樹木のない石の広場

反対側には陸上競技場がある。こちらは、東京国際貿易センター（1959年）などを手掛けた村田政真建築設計事務所によるもの。地面から伸びてスタンドの上まで架かる花びらのような庇が特徴的だ。

体育館との間に200m×100mの大きさで広がる中央広場は芦原と村田の事務所が共同で設計したことになっている。が、雑誌発表時に詳しい説明を書いたのは芦原だった。思い起こせば芦原には、ソニービルや東京芸術劇場（1990年）など、建物よりもその周りの外部空間が注目される作品が少なくない。そうした傾向を明快に打ち出したのが駒沢体育館だった。

この広場に芦原は、石を敷き詰めた。著書『街並みの美学』（1979年、岩波書店）では、人為的な広場（ピアッツァ）と自然的な公園（パーク）が対比的に論じられたが、駒沢では普通であれば樹木を植えてパークにしたくなるところをあえてそうせず、イタリアの都市にあるようなピアッツァとしてつくり上げたというわけだ。

駒沢体育館

駒沢陸上競技場

A 体育館、管制塔、陸上競技場に囲まれた中央広場｜**B** 管制塔見上げ｜**C** HPシェルの大庇が特徴的な体育館｜**D** 体育館のアリーナ。1991〜93年の改修により、床レベルが1.2m下がり、仕上げも塗り床から木床へと変わった｜**E** サンクンガーデンの上に架かったガラス屋根｜**F** 大庇の下にあったサンクンガーデンはガラス屋根が架けられ、ウオーミングアップ場に｜**G** 競技場のスタンド下とキャノピーの脚部｜**H** 地面から伸びて駒沢陸上競技場スタンドの上に架かるキャノピー｜**I** 陸上競技場のらせん状スロープ

広場の北端には池が配され、その中には管制塔と聖火台が置かれている。塔の高さは50mで、上部には高架水槽とテレビ中継のためのアンテナが据えられたが、機能的な要求よりも、まず視覚的な焦点が必要だったので設けたと考えられる。

加えて広場の中心軸上には、21.6mおきに花壇が配された。芦原によるこうした工夫がなければ、広場は人間的なスケールを失い、ただ茫漠なオープンスペースになっていたに違いない。

日 本 選 手 が 大 活 躍

1950～60年代にかけて、広場はスポーツ公園のみならず、庁舎や文化施設などをまとめて配置した都市のセンターゾーンでも盛んに設けられた。市民が集う都市のコアをつくろうというもくろみだ。

しかし、そのうちの多くが竣工してしばらくすると駐車場へと転用されていく。設計時に想定した以上に、自動車の普及が急速に進んだからだ。

駒沢オリンピック公園にしても、駐車場不足の問題は起こっていた。にもかかわらず中央広場が駐車場化されなかったのは、敷地を横切る幹線道路を掘り下げて通すことによって、広場と立体交差させたからだろう。レベルを変えて、自動車が物理的に入ってこれないようにしたのである。こうし

た公園全体の計画は、東京大学で都市計画の研究室を持っていた高山英華によるもの。その功績も大きい。

最後に、1964年の東京オリンピックにおいて、日本選手がこの会場でどんな活躍をしたのか、振り返っておこう。

レスリングでは金メダル5個、銅メダル1個を獲得。金メダルの数では、強豪国のソビエト連邦、ブルガリア、トルコなどを押さえて1位だった。サッカーでは1戦目で強敵アルゼンチンと戦い、後にJリーグチェアマンとなる川淵三郎などの得点で、3対2で逆転勝ちしている。

こうした結果は設計者たちもうれしかっただろう。特に高山は、1936年ベルリン・オリンピックで日本代表候補に選ばれたほどのサッカー選手だったから（盲腸炎を起こして本大会には参加せず）、サッカーの結果には飛び上がって喜んだはずだ。

日本にとって、とてもゲンのいい場所なのだが、2020年の東京オリンピックでは会場として使われない。すごくもったいない気がする。

なぜ、ここも2020年東京五輪で使わないのだろう。まさに1964年東京五輪の「レガシー」なのに…。今回、駒沢オリンピック公園総合運動場をじっくり見学して、改めてそう思った。
まずは芦原義信(1918-2003)が設計した体育館と管制塔。

特徴的な屋根面は、千枚のHP(双曲放物線面)シェルを組み合わせてできている。平面は八角形。

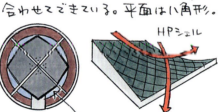

バレーボール会場だった屋内球技場は、改設計により2017年に建て替えオープン。

この施設、「バスケットコート2面」「観客席3000席」という数字から想像されるイメージより、高さがずっと低い。

現在、ガラス屋根が架けられているアリーナ外周部は、五輪時にはサンクンガーデンだった。

アリーナを地下に掘り下げているからだ。

当時、芦原義信が書いた文章を読むと、芦原は体育館よりもむしろ、管制塔を含む外部空間に力を入れていたように思える。

そして、この管制塔を軸線の起点として、体育館と向かい合うのが陸上競技場。大空間を得意とした村田政真（1906-87）の設計だ。

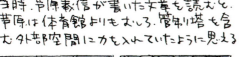
描きづらっ！

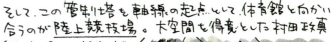

6枚の屋根は、構造的にはつながっていない。1枚ずつの片持ちだ。びっくり。

なぜこんなことが可能？断面図を見ると、「く」の字の屋根が客席の出っ張りにもたれかかってトラスを形成している。

そうだったのが！

客席

しかし、個々のデザインがどうのというよりも、ここで評価すべきは"あえて何も置かない"広場ではないか。真のスポーツ好きのための楽園。遊具も木陰もないのに人が集まってくる。

おー、なんかスーラっぽい絵に…

芦原は「わが国体育の常識を覆さん。掛けも組めないグライダー、採用したい」と書く。大英断、大見事!!

No.52

・昭和39年・
1964

セーラーが発想した形
旧・江の島ヨットハーバークラブハウス

谷口吉郎、山田水城

所在地:神奈川県藤沢市江の島1-12-2
構造:RC造｜階数:地上2階｜延べ面積:3575m²(付属棟含む)
初出:2014年7月25日号

神奈川県

解体

今回取り上げるのは、新しくオープンした江の島湘南港ヨットハウスの南側にある古い建物。1964年、東京でオリンピックが開催される際に建てられた旧ヨットハウスだ。新ヨットハウスの開館に伴い、2014年5月末に閉館した[1]。

1964年東京五輪の競技施設は、都内の神宮外苑、代々木公園、駒沢公園の3つが主会場として使われたが、いくつかの競技種目では東京の外に会場が設けられた。朝霞（埼玉県）の射撃、戸田（同）のボート、相模湖（神奈川県）のカヌーなどがそうである。ヨット競技もそのひとつ。神奈川県藤沢市の江の島で開催されることとなり、新たなヨットハーバーとともにクラブハウスがつくられた。

50年前に建てられた建物は、近づいてよく見ると、あちらこちらの軒先でコンクリートが剥がれ落ちて鉄筋が露出している。海が間近にあるので、傷みが激しいのは仕方がない面もあるだろう。今秋には解体されることになっており、新旧2つのヨットハウスが並んでいる情景を眺められるのもあとわずかである。

設計者は元五輪代表選手

この建物の設計者には、谷口吉郎と山田水城の2人の名がクレジットされている。

谷口については、いまさら説明するまでもない。第1回の日本建築学会賞作品賞を受賞した藤村記念堂（1947年、32ページ参照）をはじめ、東宮御所（1960年）、帝国劇場（1966年）、東京国立博物館東洋館（1968年）など、数々の著名建築を設計してきた建築家である。東京五輪で競技施設の設計に当たることに何の不思議もない。しかし、この建物が載った建築雑誌を見ると、設計趣旨を書いているのはもっぱら山田だ。どうやら山田の方が設計を主導したようである。

山田水城の名前は耳なじみがないかもしれない。山田は1928年生まれで、東京大学の建築学科を出た後、短期間の設計事務所勤務を経て、1961年に法政大学で助教授となり、その後、同大学の教授となって90年代末まで務めた。大学では材料や構法を主に教えたが、自ら建築の設計も行っていた。代表作は法政大学の小金井キャンパスにあった工学部校舎（1964年）で、法政大学建築学科の教員による共同設計の中心メンバーとして、主に意匠を担当した。

東京五輪の年に山田はまだ30代の半ば。そんな若者が、なぜにヨットハウスの設計に抜てきされたのか。理由ははっきりしている。山田が日本を代表するヨット選手だったからだ。

オリンピックにも出場した。東京大会の4年前に

[1]——旧ヨットハウスは2014年度に解体された

A 海側から見た新旧のヨットハウス。旧ヨットハウス(左)は切妻屋根が放射状に突き出す外観 | **B** エントランスの庇(左)と、2階テラスに直接上がれるスロープ(右) | **C** 3階から見たロビー吹き抜けの天井。当初はロビーの一角にバーがあった | **D** 2階のレストラン。テラスに出られる | **E** 北側から2階テラスを見る。テラスにはトップライトが突き出す

あったローマ五輪で、山田と同じ東大OBの酒井原良松と組みヨット競技のスター級に出たのである。スター級とは、全長6.91mの2人乗り艇を使った競技種目で、当時のヨットレースでは花形種目だった。結果は総合で26位と振るわなかったものの、日本でヨット競技が普及していなかった時代であり、参加できたことをたたえるべきだろう。

オリンピックの出場経験を持つ建築家には、ほかに1952年のヘルシンキ五輪に陸上・3段跳び代表として参加し、後に瀬戸内海歴史民俗資料館（1973年）などを設計した山本忠司がいる。しかし、五輪の代表選手と競技施設設計の両方を担った建築家は日本で山田が唯一である。

帆 を イ メ ー ジ さ せ る 屋 根

建物は鉄筋コンクリート造の3階建て。1階の平面は長方形で、その中にレース運営室やロッカー室がある。2〜3階は扁平な五角形の平面で、その上に切妻の屋根が放射状に三方に延びる。

屋根を構成するのは、ヨットの白い帆を連想させる三角形の板で、それが折板状につながっている。内部には補剛のための斜め格子が現れて、天井の見た目に面白い効果を与えている。

新しいヨットハウス（設計：ヘルム＋オンデザインパート

ナーズ）の屋根が曲面なのに対して、旧ハウスはかっちりとした平面による構成で、全く違う。しかし、必要な機能をコンパクトに収めた基壇状の1階と、一体感のある大屋根の下にテラスと連続して広がる大空間の2階からなる構成は、新旧のハウスに共通する。

この建物を紹介した雑誌「建築文化」の記事に、山田はこんな文章を寄せている。

「長い緊張を終えレースを終わり、遥か遠い海面から寄港するとき、初めて海岸線の風景、西に沈む夕日の美しさを感じ、反省・疲労・安堵の気持ちが、早く港に帰りたい心をいっそうかき立てるものである（中略）われわれが疲れ濡れて帰る時、大きい帆をひろげ、どんな強風にも激浪にも微動だにしない"われらの親分"、そのようなイメージが強くこの建物に作用した」

明らかなのは、山田がこの形を、まず海の上から見たときを想定してデザインしていることである。セーラーならではの設計が、この屋根の形となったのである。

国立代々木競技場、駒沢陸上競技場、同体育館、日本武道館——。1964年の東京五輪は多くの有名建築を残したが、東京以外にこんな傑作があったとは…。

新ヨットハウス完成の知らせを聞いて、五輪当時の施設が残っていたことを初めて知った。不覚。閉館前に慌てて江ノ島へ。

建物はこんな形になっている。

山側（西側）のアプローチ部分でまずじにもつかむのは、玄関から突き出すキャノピー。上に反り返ったコンクリートの板は厚みが20cmくらいしかない。

建築的な見所は、2階の3つの大空間と、それを取り巻くテラス。下のイラストは中央ロビー。三角屋根を支える三角格子が美しい。

週末のレストラン前は、ヨットマンの家族が大盛り上がり。ちなみに、レストランはオープン当初、ホテル・ニューグランドが運営していた。

復興期 1945-1955 　葛藤期 1956-1960 　飛躍期 1961-1964

施設内を見てかなり"満腹"になっていたので、海でも見ようかと東側のヨットハーバーに出ると、そこでまたズキュン。

放射状に広がる3つのトンガリ屋根。この施設は海から見るようにつくられていたのだ。ヨットマンの"聖地"となったのにも納得がいく。

「ヨットの大親分。そこに入れば絶対自分を守ってくれるもの—」。ヨットマンであった設計者の山田水城が記した設計趣旨はストレートで熱い。

山田水城は、東京五輪の前のローマ五輪ではヨット競技の日本代表だった。そんな血気盛んな若手建築家を、巨匠・谷口吉郎がフォローする形でこの建築は生まれた。

※イメージです
山田水城 1928-2008 当時30代半ば
＋
谷口吉郎 1904-79 脂の乗った巨匠

新・旧ヨットハウスは「聖地の遷宮」？

そんないいものならば残せばいいのに、と思うかもしれないが、細部をじっくり見れば、それは無理、と分かる。

外部のコンクリートは、さびた鉄筋があちこちに露出している。潮風恐るべし。50年も持ったのが不思議なくらいだ。

新旧のヨットハウスが南北に並ぶ"今だけの光景"を見ていて、伊勢神宮の「遷宮」が頭に浮かんだ。もしかしたら、50年後、南側の敷地に新たなデザインで建て替わるのでは？ 50年ごとの遷宮？

伊勢神宮
20年ごとに交互に建て替え

270　Japanese Modern Architecture 1945-64

特別対談 | Dialogue

藤森照信 氏［建築史家、建築家、東京大学名誉教授］ × 磯 達雄 氏［建築ライター］

排除しない日本らしさが丹下を育てた
戦後建築を世界レベルに押し上げた建築家10人［後編］

対談写真：稲垣純也

建築史家で建築家でもある藤森照信氏を迎えての「戦後建築をけん引した10人」選び。残るは4人。後半は藤森氏が「建築家として最も影響を受けた」という白井晟一から始まり、クライマックスの丹下健三へと進む。
（進行・似顔絵：宮沢 洋）

●戦後建築この10人
07
白井晟一
Seiichi Shirai

1905（明治38）年－1983（昭和58）年

流行とかけ離れた孤高の建築家
京都高等工芸学校（現・京都工芸繊維大学）の図案科を卒業後、ドイツ・ハイデルベルク大学でカール・ヤスパースの下で哲学を学ぶという異色の経歴の持ち主。戦後は建築家として活動したが、高度経済成長へと進む時代の潮流とはかけ離れた孤高のスタイルで、秋ノ宮村役場や松井田町役場などの地方庁舎や住宅の設計に取り組み、知られるようになる。実現には至らなかったが、キノコ雲をかたどったような原爆堂は、今も見る者に衝撃を与える計画案だ。書家やブックデザイナーとしても活躍。中公新書や中公文庫のマークは白井によるものである。

07｜白井晟一──
「違和感」を自在に操る

──レーモンドまでで6人挙がりました。
藤森（以下、藤）｜次は白井晟一さん行きましょう。白井さんは、相当謎っぽい建築家ですよね。でも、私にとっては最初に強い興味を持った建築家なんです。
磯｜何がきっかけだったんですか。
藤｜建築学科に入って最初に見た建築は、雄勝町役場（1959年）と秋ノ宮村役場（1951年）。
──秋ノ宮村役場は、稲住温泉に移築されていますね。
磯｜雄勝町役場は解体されました。
──白井晟一は1905年生まれで、前川國男と同じ年です。藤森先生が初めて見た雄勝町役場の印象は。
藤｜雄勝町役場は、田んぼの中に水平なデザインの建物が立っていて、ガラスがあって、入ってい

白井晟一が設計した雄勝町役場（1959年）。2016年に解体された。議会のある2階にギリシャ様式の柱が立っていた。これは、行政に対する議会の優位性を建築的に表現したものといわれる

くとギリシャのエンタシスの柱がバンと1本立っている。

磯｜そう、謎の柱が真ん中に。

藤｜衝撃を受けますよ。そもそも一本柱の建築空間というのはそんなになくて、私は白井晟一が最初です。あれを見て以来、忘れることのできない人になった。

　あの人はわざと来歴の違うものをガタガタと混ぜる。はっきり違和感があるように混ぜる。だけど、その違和感がしみじみ来るというか、忘れられない印象を与えてくれる。それがどうしてなのかずっと謎だったんだけど、磯崎（新）さんと話していたときに、磯崎さんに言われて、ああ、そういうことかと思った。磯崎さんは、「あれはシュールレアリスムの影響だ」と。

　シュールレアリスムというのは、時間とか空間の関係性を全部ずらして構成する。考えてみたら、白井さんがドイツに行ったのはちょうどシュールレアリスムが盛り上がった時代。

　絵の世界では、印象派の後どうするかということで、1つは抽象主義（アブストラクト）に行くわけです。でも、「在るもの」を描きたい人はいっぱいいるわけで、その人たちがやったのがシュールレアリスムです。だから、白井さんはシュールレアリスムを建築でやった人だと磯崎さんに言われると、確かにあの独特の違和感も分かる。当時、世界にそういう人はいなかった。戦後建築を考えるうえで、大事な人ですよ。村野藤吾だとそういうことをやっても違和感がなくまとめる。

磯｜なるほど、村野藤吾はうまくやってしまう。

藤｜そう、名人芸でまとめてしまう。白井さんはどう見ても違和感がある、松井田町役場（1956年、74ページ）なんか、あのデザインで町役場だからね（笑）。

磯｜確かにシュールレアリスムの絵だと言われると納得するところがあります。列柱とか、アーチ型の開口とかも、キリコの絵のようなものを経由してきたのかもしれない。

藤｜白井晟一は私が建築家として一番影響を受

白井晟一が設計した松井田町役場（1956年、74ページ）。役場としての機能を終えた後、文化財資料室として使われていたが、耐震上の理由などから閉館した（建築写真：280ページまで特記以外は磯 達雄もしくは宮沢 洋）

藤森氏。「白井晟一は好きなんだけど、あの『臭さ』は何とも嫌だった（笑）」

けた人かもしれない。私の建物の変な感じにつながっているのかも（笑）。

──藤森建築はシュールレアリスムだったんですか！

藤｜白井晟一は好きなんだけど、嫌なところもあって、あの「臭さ」は何とも嫌だった（笑）。白井晟一の影響を受けながらも、あの臭さをどうやって抜くのかが私の課題だった。うまく抜けたとは思っていますけど。

磯｜臭さというのはどういう感じですか。スノビッシュな感じですか。

藤｜わざとらしさかな。本当にわざとらしいよね。

──じゃあ、目指すのは村野藤吾の名人芸ですか？

藤｜あれも嫌だよ。嫌というより、あれは私のやることじゃない。私の体質に合わない。だから、白井晟一から臭みを抜いた建築を目指しています。

08｜吉田五十八──
全国的「パクリ」生んだ新興数寄屋

──今、7人です。年齢的にはそろそろ丹下健三でしょうか。

藤｜いや、丹下さんの話をしたら、そこで終わっちゃうよ（笑）。

──では、丹下さんは最後に残しましょう。丹下さんの前に、ライバル感のある菊竹清訓さんとか？

藤｜菊竹さんは、スカイハウス（1958年）は早かったけれど、むしろ1970年前後をけん引した。

磯｜吉田五十八はどうですか。

藤｜ああ、吉田五十八は取り上げるべきだね。

磯｜後世のまねされ具合、つまりパクリの多さで言うと、取り上げないわけにはいかないでしょう。

──吉田五十八は1894年生まれで、村野藤吾の3つ下ですね。今の話だと吉田五十八の建築はあちこちでパクられているんですか？

藤｜現在、我々が目にする有名な料理屋さんとかビ

ルの中の和風とかは、全部吉田さんがつくった新興数寄屋ですよ。新興数寄屋がなければ、ビルや鉄骨の中に和風はつくれなかった。
──そうなんですか！
藤｜一番分かりやすいのは、大壁と真壁。大壁というのは蔵ですよ。柱が見えないつくり方。対して、真壁というのは普通の和風です。柱が見える。それまでは、真壁と大壁は全く別のものだった。日本の伝統建築のルールです。ところが吉田さんはそれを混ぜちゃう。柱があって嫌なところはすーっと上に塗っちゃう。同じ壁面の中で、大壁と真壁を、全体の調子を見ながら決めちゃう。今でも料亭、旅館はほとんどそうでしょう。
磯｜そうでしょうね。
藤｜村野藤吾のやり方じゃ、もう大変なんですよ。まねできない。吉田さんはみんながまねできる（笑）。だから、全国に偽物ができた。
──まねされても怒らなかったんですか。
藤｜吉田さんは近代建築の条件の中でどういうふうにしたら和風がつくれるかということを個条書きにして書いた。図解した。戦前に「新建築」で発

● 戦後建築この10人 ●
08
吉田五十八
Isoya Yoshida

1894（明治27）年－1974（昭和49）年

数寄屋の近代化に大きな影響
東京・日本橋に生まれる。父は太田胃散を創業した太田信義。東京美術学校（現・東京芸術大学）を卒業して建築家となる。柱を壁に塗り込める大壁を採用したり、電気照明や空調設備を目立たせることなく組み込んだりと、数寄屋建築の近代化に大きな役割を果たした。文化人、財界人、政治家などの邸宅のほか、成田山新勝寺、中宮寺本堂などの仏教寺院、歌舞伎座や大和文華館などの日本の伝統文化を鑑賞する施設、日本料理を提供する料亭などを数多く設計した。芥川賞・直木賞の選考会が行われる新喜楽も吉田の設計による。

吉田五十八が設計した五島美術館（1960年、148ページ）。東急電鉄の創始者である五島慶太の美術コレクションを展示する。構造は鉄筋コンクリート造だが、デザインは寝殿造風

表した図が残っています。そんな人は他にいないですよ。例えば村野藤吾が自分の方法を図解したかというと、絶対にしない。私が知る限り、そういうことをしたのはコルビュジエの近代建築5原則と吉田さんくらいです。

磯｜一般の住宅にもすごく影響を与えましたよね。フローリングやカーペットを和風の住宅で平気で使えるようになったのも吉田五十八がやったからじゃないですか。

藤｜和室の中に椅子とテーブルを置いても、変ではない。そういう幅広い影響ということでいったら吉田五十八は圧倒的でしょう。

――私（宮沢）は吉田五十八の住宅や料亭を見ていなくて、五島美術館（1960年、148ページ）などのパブリックな建築を見る限りでは、「良さがよく分からない建築家」という印象が強いのですが……。

藤｜それは正しい判断です（笑）。

磯｜美術館をベタに寝殿造風につくってしまうのは、確かにどうなんだろうとも思います。

藤｜あの感覚は不思議だよね。

――では、吉田五十八の神髄は住宅とか料亭とかにあって、我々は知らぬ間にその恩恵に預かっていると。

藤｜影響力が強過ぎたんです。あまりに広がっちゃうと誰から始まったか分からなくなるという典型です。

磯氏。「フローリングやカーペットを和風の住宅で平気で使えるようになったのは吉田五十八の影響」

09｜吉阪隆正
モダニズムの先を見た「大地」の建築

――8人まで来ました。丹下健三を10番目とすると、あと1人です。

藤｜うーん。やっぱり吉阪（隆正）さんは入れたいなあ。

――吉阪隆正ですか。山田守や今井兼次もいますよ。磯さん、いいですね？

磯｜はい、吉阪隆正で行きましょう。

藤｜個人的趣味で申し訳ない。ああいう人が好きで（笑）。

――吉阪隆正さんは1917年生まれで、今まで挙

•戦後建築この10人•

09 吉阪隆正 Takamasa Yoshizaka

1917(大正6)年−1980(昭和55)年

冒険家で建築家で教育者

国際連盟の労働委員会事務局長だった父と幼い頃をスイスで過ごした。早稲田大学を卒業して、同大学の助教授となってから給費留学でフランスへ渡り、ル・コルビュジエのアトリエで働く。帰国後も早稲田大学で教えながら建築の設計を手掛けた。アテネ・フランセや大学セミナー・ハウスに代表されるその建築は、本体を空中に持ち上げるピロティの手法や、荒々しいコンクリート打ち放しの質感に特徴がある。登山家・冒険家としても知られ、1957年の赤道アフリカ遠征隊や1960年のアラスカ・マッキンレー遠征隊に参加する。山小屋も多く設計した。

吉阪隆正による箱根国際観光センターのコンペ案(1971年)の模写。地形と一体化したデザインは今見ても先進的

がった8人の中で唯一1910年代の生まれです。まずは、藤森先生が吉阪隆正を推す理由を。

藤｜吉阪さんは、モダニズムからスタートするんだけど、「モダニズムの先」を考えていたと思う。それが大地の問題とか風土の問題だった。そういうことを真剣に考えた人で、結局、自分ではできなかったことも多いけれど、考え方は先進的だった。箱根の提案なんか今見てもすごいよね。地面と一体化している。

磯｜箱根国際観光センターのコンペ案(1971年)ですね。

藤｜あれができていればよかったんだけど。まあ、できなかったから記憶に残るのかな。

磯｜ベネチア・ビエンナーレの日本館(1956年)はどうですか。

藤｜ちょっと単純。コルビュジエっぽさがむき出しみたいで。それよりはヴィラ・クゥクゥ(1957年)がいいですね。

── 磯さんは、吉阪隆正さんをどのように見てますか。

磯｜もちろん大好きですよ。

藤｜ああ、そう!(笑)

磯｜僕が一番好きなのは大学セミナー・ハウス(1965年)ですね。いろいろ個性的な建築が集まっ

吉阪隆正が設計したヴィラ・クゥクゥ(1957年)。鉄筋コンクリート造・打ち放しの住宅。開口部には色ガラスをはめ込んでいる

吉阪隆正が設計した大学セミナー・ハウスのユニット・ハウス(1965年)。ユニットハウスは解体されたが、敷地内には本館などびっくり建築がどっさり(後日発行予定の「昭和モダン建築巡礼 完全版 1965-75」に掲載)

ていますが、地面との関係みたいなものをずっと考えてきている人なので、空中に持ち上げるか、地下に埋めるかですよね。コンクリート打ち放しの質感も含めて、師であるコルビュジエよりも荒々しい印象を受けます。

藤｜そうだね。コルビュジエの打ち放しについては面白いことがあって、彼は打ち放しをあれだけやったわけですが、打ち放しについては言語化していません。有名な近代建築5原則は、打ち放しをやるよりずっと前の話。白く塗っていた時代の話です。打ち放しをやるようになってから、彼は理論を言わなくなった。理論を自分の感覚が裏切り始めるからです。

レーモンドは打ち放しを「現代の岩」だと言った。私の知る限り、打ち放しを言語化したのはレーモンドが最初です。吉阪さんの打ち放しも元はコルビュジエから来ているんだけど、レーモンドの言うところの「岩」というものをすごく意識していて、そういう建築をいっぱいやった。

磯｜コンクリート打ち放しは、世界中に広まったわけですが、あれは労働力さえあればどこの国でもつくれる工法だったからですよね。

藤｜インドでも、アフリカでもできる。

磯｜吉阪さんはそういったやり方の先頭を切った人とも言えますね。

藤｜そう、意識的に。吉阪さんは幼少期をヨーロッパで送った人なんだけど、脱ヨーロッパを意識的にやっていた人なんですよ。

10 | 丹下健三 ── ソビエトパレスを追い世界の頂点に

── では、満を持して丹下健三でよろしいでしょうか。

藤 | よろしいです（笑）。

磯 | クライマックスですね。

1913（大正2）年－2005（平成17）年

国家的イベントでは必ず出番

東京大学から前川國男の事務所を経て東大に戻り、助教授、教授と歴任しながら設計活動を行なった。代表作は敷地外の原爆ドームに向けた軸線を設定して配置計画の要とした広島平和公園や、日本の伝統と鉄筋コンクリート架構の美学を統合した香川県庁舎など。1964年の東京オリンピックや1970年の大阪万博といった国家的イベントでは、会場計画や主要施設の設計を担い、日本を代表する建築家の地位に就いた。その設計は海外からも高く評価され、1970年代以降は、世界各地でプロジェクトを進めるようになる。プリツカー賞を初めて受賞した日本人でもある。

── 丹下健三は1913年生まれで、10人の中では吉阪隆正に次ぐ若手です。藤森先生は以前、丹下全史（「丹下健三」、2002年、新建築社）を書かれていますね。

藤 | 丹下さんの評伝を書いているときに強く意識したのは、20世紀の建築史の中であの人は一体何をしたのかということです。20世紀の建築は前半と後半に分かれて、前半はバウハウスとコルビュジエの時代。でも、コルビュジエがやれなかったことがある。それは構造表現主義です。進んだ時代の構造技術を表現として見せる。その代表がソビエトパレス（1932年に開催された設計コンペの提案）です。

ソビエトパレスは構造表現主義の最高傑作。でも、実現しなかった。当時の技術では、というより、今の技術でもあのアーチは難しかったと思う。だけど、その構造表現主義を実現することがコルビュジエ系の人たちの20世紀後半のテーマになった。

それに挑んだのが、日本では丹下さん、アメリカではエーロ・サーリネン（1910-61年）、ブラジルではオスカー・ニーマイヤー（1907-2012年）。ヨーロッパの建築家たちには、コルビュジエの影響は意外に少ない。フランスなんかは、コルビュジエ系の人たちに全く仕事をやらせなかった。だから、新興国の人たちが構造表現主義に挑んだ。

丹下さんは構造表現主義の点でいうと、2つの

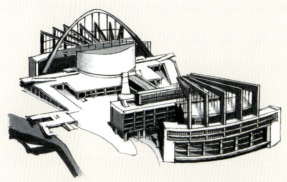

スターリンが計画したソビエト・パレスのコンペ(1932年に開催)にル・コルビュジエが提出した案の模写。幻となったこの案は国立代々木競技場にも影響を与えた

ことをやった。1つはラーメン構造。木造のラーメン構造を鉄筋コンクリートでつくる。これは戦後の代表作の1つ、香川県庁舎(1958年、124ページ)で実現した。この影響を大きく受けたのはアメリカです。特にルイス・カーン(1901-74年)とエーロ・サーリネンは、丹下さんの香川県庁舎を見た後、明らかに作風が変わりました。

そして、丹下さんが2つやったことのうちのもう1つが、代々木競技場です。代々木(1964年、284ページ)はソビエトパレスへのオマージュ。というか、ソビエトパレスの現実版だと思います。そもそも丹下さんが建築家になろうと思ったきっかけは、ソビエトパレスですから。ソビエトパレスのコンペ案を高校時代に見て、こういう職業に就こうと思った。フランスの雑誌で見たと言っていました。

ソビエトパレスは、アーチと吊りと柱でできている。代々木は、柱を建てて吊っているでしょう。それで、丹下さんはあの客席のことをずっとアーチ、アーチと書いている。あれは普通アーチとは言わないよ。

磯｜確かに普通はアーチとは表現しないですね。

藤｜構造的なアーチではないけれど、造形的にはアーチ。丹下さんは、当時から「このアーチが」と書いていて、それで「ああそうか」と思った。要するに、コルビュジエができなかったことを丹下さん

丹下健三が設計した香川県庁舎(1958年、124ページ)

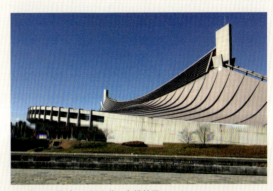

丹下健三が設計した国立代々木競技場(1964年、284ページ)

は代々木で実現したかったんだと。アーチと吊りと柱。代々木競技場の完成をもって、20世紀後半はサーリネンやニーマイヤーを抜いて丹下さんが世界のトップに立ったと思います。
——日本の頂点ではなくて、世界の頂点ですか。
藤｜はい。代々木は世界の建築界にとって決定的だったと思います。
磯｜丹下健三を構造表現主義として捉えるのは僕もその通りだと思うのですが、今日もこの聖堂の構造を見ながら、藤森先生は何か不可解なところがあるとおっしゃっていましたよね。シェル構造の下の部分がバサッと切れていると。
藤｜久しぶりに見たけど、あんなに切れているとは思わなかったよ。普通は地べたまでシェルが続くよね。

磯｜途中でボックスが貫入する形ですぱっと切れています。構造として考えると、ノイズが入っているというか。
　代々木競技場も、真ん中は確かに吊り橋の構造になっているけれど、そこから垂れる屋根は鉄骨であの形を無理やりつくっているわけで、構造をそのまま形にして表しているのとは微妙に違うところがある。
　代々木と同じ年にできた香川県立体育館（286ページ）は、構造を岡本剛さんが担当していて、彼は代々木に対して批判的に見ていたそうです。
藤｜でも、だから「表現主義」なんだと思いますけど（笑）。「合理主義」ではない。
磯｜なるほど、確かに（笑）。

東京カテドラル聖マリア大聖堂を見学する藤森氏と磯氏。「久しぶりに見たけど、シェル構造の下の部分があんなにバサッと切れているとは思わなかったよ」

丹下健三が設計した香川県立体育館（1964年、286ページ）。構造が全体のバランスで成り立っているため、耐震補強工事が難しく、香川県は補強を断念。閉館したままの状態が続く

総論──
「大筋以外」も排除しない日本らしさ

──これで10人出そろいました。10人を振り返っていただいて、これから建築を目指す若い人や一般の人に、この時代のこんな面白さを知ってほしいといったお話があればお願いします。

藤｜この時代は、原則というか、「建築界の大筋」というべきものをみんなが共通して持っていた。それはモダニズムです。そして、そのモダニズムの中にも、コルビュジエ的なものと非コルビュジエ的なものがあって、そこにさらに村野さんとか白井さんのような不思議な人たちが共存的にいた。お互いにつぶすということはなく、それぞれが信じるものを目指していた。当時の建築雑誌を見ると、どの雑誌にもほとんど同じものが載っている。日本のジャーナリズムがあまりイデオロギッシュじゃなかったということだね。

磯｜メインでないものを排除しなかった。

藤｜しなかった。例えば丹下さんが村野さんを嫌がったとか、白井さんを疎んじたとかは聞いたことがない。いいものはいいと。良好な状態だったのではないかと思いますね。

──これからの時代には、「大筋」は現れないの

藤森氏「日本のジャーナリズムはあまりイデオロギッシュじゃなかった」。磯氏「メインでないものを排除しなかったから、競争が生まれた」

でしょうか。

藤｜ゼネコンと大手設計事務所の建築が多過ぎるよ。寂しいね。

磯｜当時はリーダー的な建築家がいて、それを公然とまねしたり、批判したりする建築家がたくさんいた。「目指す建築家」がちゃんといた時代だったので、競い合いも生まれたんでしょう。

──現在の日本建築界のレベルの高さは、今話されてきた建築家たちの幅広い蓄積の上に成り立っているんでしょうね。

藤｜それはそうだと思います。でも、そう考えると、代々木を超えるものが今後できるとは思えないな。

──そう言わず、藤森先生も、代々木競技場を超えるようなものを目指してください。

藤｜建築は大きさではないからね。頑張ります。

No.53

・昭和39年・
1964

丹下健三
1964
トリロジー①

東京カテドラル聖マリア大聖堂 [カトリック関口教会]

初出：本書のための描き下ろし
構造：RC造｜階数：地下1階・地上1階｜延べ面積：3650m²
所在地：東京都文京区関口3-16-15｜交通：東京メトロ有楽町線江戸川橋駅から徒歩15分

話したくなる「形の意味」

都市・建築設計研究所
丹下健三＋

東京都

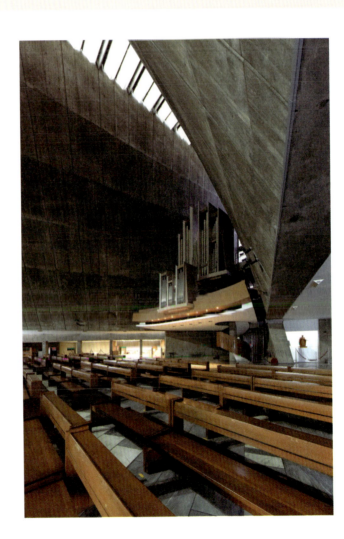

2005年に丹下健三氏が亡くなった際の葬儀はここで行われ、建築史家の藤森照信氏が送る言葉を読んだ。丹下氏はここに眠る

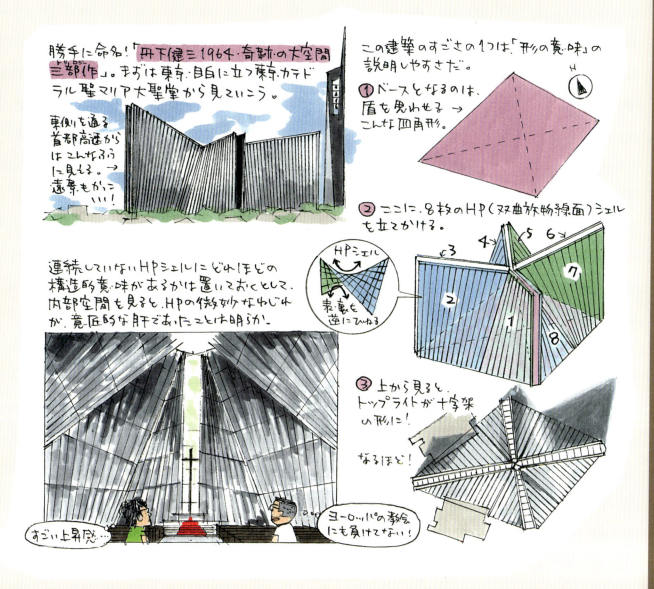

No.54

・昭和39年・
1964

丹下健三
1964
トリロジー②

国立代々木競技場 [国立屋内総合競技場]

アゲアゲ曲線、二度目の五輪へ

初出：本書のための描き下ろし
構造：RC造・SC造　階数：地下2階・地上2階（第一体育館）、地下1階・地上1階（第二体育館）　延べ面積：3万4204㎡
所在地：東京都渋谷区神南2-1-1　交通：JR原宿駅から徒歩5分、渋谷駅から徒歩15分

丹下健三研究室
都市・建築設計研究所、
丹下健三＋

東京都

メインケーブルはワイヤの集合体、サブの吊り材は成型した鉄骨。この「セミリジッド・サスペンション構造」は川口衞氏の発案という（写真：的野弘路）

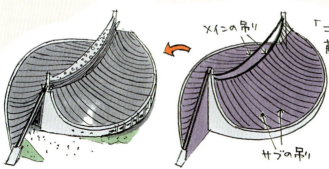

メインの吊り
サブの吊り

「この時代の世界の頂点」と建築史家の藤森照信氏が評する国立代々木競技場。「世界初の二重の吊り構造」「日本の伝統を思わせる巴(ともえ)形の平面」—。

ふたつどもえ
三つ巴

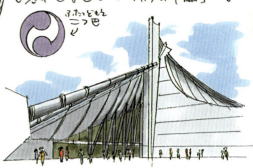

その魅力を挙げていくと1冊使ってしまいそうなので、ここでは個人的な自慢を1つ…。2020年五輪のチケット抽選で「女子ハンドボール予選@代々木競技場第一体育館」が当たりました！楽しみ！！

ご存じかとは思うが、第一体育館は、前東京五輪(1964年)では、水泳競技に使われた。

2020年夏(想像図)　1964年夏

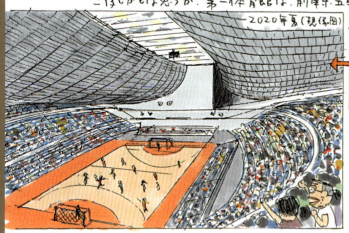

何にでも使える万能性は、アリーナ建築の手本？天井の曲線がスポーツであれコンサートであれ、見る者の気分を盛り上げる。アゲアゲ曲線？

でも、本当のことを言うと、第一体育館よりも第二の方が好き。→ 会期中、第二も公開して、世界の人たちに"奇跡の兄弟アリーナ"の魅力を知ってもらいたい。そして、世界遺産に！

No.55

・昭和39年・
1964

丹下健三
1964
トリロジー③

香川県立体育館

閉館

初出：本書のための描き下ろし
構造：RC造｜階数：地上3階｜延べ面積：4707m²
所在地：高松市福岡町2-18-26

高度過ぎた構造設計の悲運

香川県

集団制作建築事務所
都市・建築設計研究所、
丹下健三＋

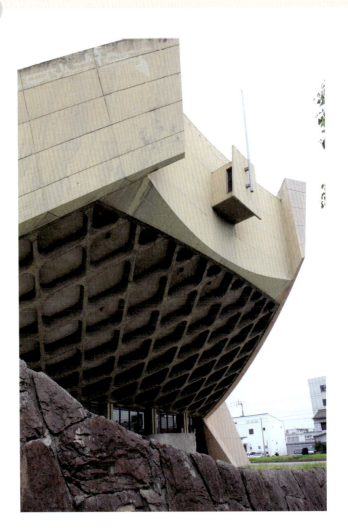

構造設計は群馬音楽センターも担当した岡本剛氏。丹下都市建築設計が耐震補強案を委託されたが、工事の不落が続き、改修は中止に

「丹下健三1964・奇跡の大空間三部作」のトリを飾るのは、香川県立体育館だ。船のような、オットセイのような、分かりやすい外観とは裏腹に、構造的には、2方向の曲げやねじれが互いにバランスし合う「難度Eの複雑な建築だ。

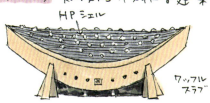

その構造について、かつて構造家の木村俊彦（1926-2009）は、こう評した。
「すべてが計算し尽くされた、世界に類例を見ない弾性構造計算の極致」―。
だが、その構造の特殊さゆえに、耐震改修が難しく、長く閉鎖状態なのは何とも皮肉だ。

ところで、この香川県立体育館には、ある意味で実物以上に記憶に残る1枚の写真がある。写真家の村井修（1928-2016）が撮ったこの写真だ。→
（模写）

村井もまた、丹下を世界に押し上げた功労者の1人だ。

あとがき 1

建築にまつわる「物語」を紡ぐ

　本書は建築専門誌『日経アーキテクチュア』に連載した「昭和モダン建築巡礼」の記事をまとめたものである。単行本化にあたっては、書き下ろしの「寄り道巡礼」や座談会を付け加えた。この連載では、1945年から1975年までに建てられた日本のモダニズム建築を取材対象として、西から東へと順にたどった。

　さて、なぜモダニズム建築か? それはもちろん、モダニズム建築が大好きだからだ。

　取り上げた建築が建てられたのは、戦後の復興期から高度経済成長が終わるまでの時代にあたる。当時は世の中がどんどん進んでいくものとみんなが信じていた。建築もそれに乗り、未来に向けてつくられた。新しいライフスタイルを想定した建築が、新しいテクノロジーによって実現していく。それは時に、これまでの建築とは似つかない異様な形をとることもあるが、それはあくまで来るべき社会に対応させようとの合理的な意志によるものだった。

　もちろん実際の世の中は期待していた通りにはならなかったし、社会が進歩し続けるというのも幻想に過ぎなかった。建築家の狙いが、空回りしている例も少なくない。でも、この時代のモダニズム建築が備える構想力の大きさは、今、見ても非常に魅力的に感じられる。

　だから、宮沢記者からこの連載をやらないかという話が来たときは、大喜びで飛びつかせてもらった(本書のイラストを担当した宮沢記者は、本職は『日経アーキテクチュア』の編集者である)。

　こちらの担当は写真と文章である。建物を訪れて写真を撮る取材の作業は、毎回楽しかった。しかし、いざ文章を書く段になると、なかなか筆が進まず苦しむこともしばしばだった。そうなった理由は、もちろん自分の能力が足りないこともあるのだが、一方でモダニズム建築特有の事情も絡んでいるように

思える。

　モダニズム建築のモットーは機能主義だ。「こういう機能を満たすために、こういうデザインになりました」と書いてしまうと、後は説明することがない。その自明性は、モダニズム建築が広まるのに大きな力となったが、結果として建築を語りにくくするという副作用ももたらしてしまった。

　従って、まずやらなければいけなかったのは、答えを見つけることではなく、問いを探し出すことだった。それが本書の各章で検討した「この音楽ホールを設計するときに建築家の頭の中にはどんな音楽が鳴っていたのか?」(群馬音楽センター)、「この建物はなぜ特撮ドラマのロケに多用されるのか?」(東京都水道局長沢浄水場)などといった謎である。

　建築をじっと眺め、その周りを歩き、資料をあさることによって、とりあえずそれぞれの問いに自分なりの仮説をひねり出した。真実かどうかは分からない。でも、それでいいのではないか。建築の見方を面白くしてくれるのは、例えば明治期の建築史家、伊東忠太が唱えたという「法隆寺の真ん中が膨らんだ柱は遠くギリシアから伝わった」説のような、本当かどうかは怪しいけれども魅力的で壮大な「物語」なのだから。

　昨今、モダニズム建築の名作が次々と壊されているという状況がある。この連載で取り上げた建物でも、栃木県議会棟庁舎、学習院大学中央教室などが既に失われてしまった。

　モダニズム建築があっさりと消えてしまう理由として、装飾がないことがしばしば挙げられる。確かにモダニズム建築は、基本的にツルリとした壁に四角い窓が空いているだけの素っ気ないデザインだ。装飾がない建築は、建築の専門家ならいざしらず、一般の人々の関心を引きにくい。結果として、機能

的に劣るようになった少し前のモダニズム建築は、保存しようとの声も盛り上がらず、いつの間にやら壊されている。

でも実は、モダニズム建築に本当に足りないのは、装飾ではなく物語ではないだろうか。建築にまつわるさまざまな物語が、建築への関心を高め、残していきたいと思わせる動機となる。モダニズム建築を残そうとして、それに装飾を付け加えるわけにはいかない。しかし物語であればいくらでも補っていくことができる。建築の物語を紡いでいくこと。それがモダニズム建築を救っていく方策なのではないか。そんなことを、本書の文章を書きながら考えていた。

モダニズム建築の面白さをできるだけ多くの人たちと共有していくために、本書が少しでも役に立てばうれしい。

2006年8月

磯達雄［建築ライター］

再録したあとがきで記したとおり、本書に収められた文章の執筆には、戦後のモダニズム建築があっけなく壊されていく状況に対する抵抗の意が込められていた。初版が出てから13年がたち、その間には取り上げた建築のいくつかが、建て替えられている。また、間もなく解体されることが決まっているものもある。名建築が失われていくのはとても悲しい。自分たちのふがいなさも思い知らされて、それもつらいのだが、悲しみに浸ってばかりもいられない。減っていく数を補うように、知られざる名建築を見つけ出していこう。そして新たな建築をめぐる物語を紡いでいくのだ。自分ができるのはそういうことだし、そこで戦っていくしかない。そんなふうに考えている。

2019年8月

磯達雄［建築ライター］

あとがき2 ― 巡礼はこうして始まった！

2008年に発刊した「昭和モダン建築巡礼 東日本編」のプロローグを、イラスト担当・宮沢洋の「あとがき」代わりとして再掲載する。

この企画は、2005年、こんな問題意識からスタートした。

戦前の建築は大切にされるのに、戦後の建築はあっさり壊されてしまう

例えば…

東京駅赤レンガ駅舎(1914年)は、戦災で焼失した3階も復元する工事が始まったが、

KINGO TATSUNO

懐かしい／大事にしよう

その近くにある旧日本相互銀行本店(1952年)は、08年に入っていきなり取り壊された。

KUNIO MAEKAWA

どこがいいの？／普通

※日本建築学会賞受賞作です。

戦後建築の魅力をもっと知りたい、伝えたい！

建築ライターの磯達雄氏と意気投合。

やろう／やりましょう

元記者で宮沢の先輩。元日経アーキテクチュア

イソさんとタッグを組み、初めての取材に訪れたのは宮崎県。

遭いたかったよ♡

KENZO TANGE

「なぜ西から巡礼しているんですか？」をよく聞かれるのだが、それは宮沢がどーしても見てみたかった建築が宮崎県に二つあったから。(そんな理由でスミマセン)その一つが、丹下健三の日南市文化センター(1962年)。

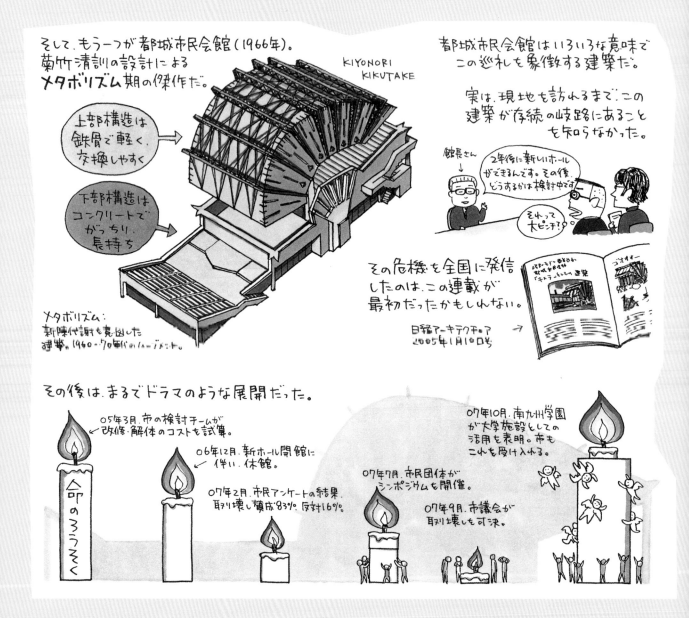

こうして都城市民会館は保存活用への道が開けた。[1]
しかし、これはごくごくまれなケース。
依然として戦後建築に対する世間の関心は低い。

[1] ところが結局、大学施設としては使われることはなく、2019年に解体。

典型例が栃木県議会棟庁舎（1969年）だ。都城と同じくメタボリズムを代表する建築の一つだが、新庁舎の完成に伴い2007年に解体された。

戦前（1938年）に建てられた旧本館は、市民の保存運動によって、一部が曳き家保存されたというのに…。

享年38歳

栃木県議会棟の教訓は「建築界の評価がいかに高かろうとも、一般の人に愛されなければ、寿命は全うできない」ということ。

ほとんどの建築家は一般の人に向けて自身の建築の魅力を語ろうとはしない。

ならば我々がその魅力をわかりやすく伝えよう
（想像も含めて…）

さあ、出発だ

[日経アーキテクチュア掲載号]

026　岩国徴古館｜2005年6月27日号
032　藤村記念堂｜2016年9月8日号
038　八勝館御幸の間｜2016年10月27日号
044　神奈川県立近代美術館｜2016年1月28日号
050　東京日仏学院［現・アンスティチュ・フランセ東京］｜2016年12月8日号
056　志摩観光ホテル旧館｜書き下ろし
058　広島平和記念資料館本館［旧陳列館］｜書き下ろし
060　世界平和記念聖堂｜書き下ろし
062　神奈川県立図書館・音楽堂｜書き下ろし
064　図書印刷原町工場［現・沼津工場］｜2017年1月12日号
070　国際文化会館｜書籍「昭和モダン建築巡礼 東日本編」（2008年）
074　松井田町役場［松井田文化財資料室］｜2007年5月28日号
080　秩父セメント第2工場［現・秩父太平洋セメント秩父工場］｜
　　　2007年6月25日号
086　福島県教育会館｜2007年10月22日号
092　聖アンセルモ教会［カトリック目黒教会］｜書き下ろし
094　東京都水道局長沢浄水場｜2007年9月24日号
100　登別温泉科学館［現・登別温泉ふれあいセンター］｜2008年3月24日号
106　岡山県庁舎、岡山県総合文化センター｜2018年4月12日号
112　海星学園中央館｜2005年3月7日号
118　善照寺本堂｜2017年2月23日号
124　香川県庁舎［現・東館］｜2017年5月25日号
130　東京工業大学創立70周年記念講堂（寄り道）｜書き下ろし
132　聖クララ教会［カトリック与那原教会］｜
　　　書籍「昭和モダン建築巡礼 西日本編」（2006年）
134　羽島市庁舎｜2006年10月23日号
140　都ホテル佳水園［現・ウェスティン都ホテル京都佳水園］｜
　　　2017年4月13日号
146　国立西洋美術館｜書き下ろし
148　五島美術館｜2017年10月12日号
154　倉敷市立美術館［旧倉敷市庁舎］｜
　　　書籍「昭和モダン建築巡礼 西日本編」（2006年）
156　輸出繊維会館｜書き下ろし

158　学習院大学中央教室｜
　　　書籍「昭和モダン建築巡礼 東日本編」（2008年）
162　群馬音楽センター｜2007年4月23日号
168　大原美術館分館｜2005年12月26日号
174　常滑市立陶芸研究所［現・とこなめ陶の森 陶芸研究所］｜書き下ろし
176　日南市文化センター｜2005年2月7日号
182　日本26聖人殉教記念施設、大浦記念館｜2006年4月4日号
188　小原流家元会館・豊雲記念館｜2006年2月27日号
194　江津市庁舎｜2017年7月13日号
200　アテネ・フランセ｜2018年2月22日号
206　内之浦宇宙空間観測所｜2018年8月9日号
212　新制作座文化センター｜2007年7月23日号
218　日本生命日比谷ビル［日生劇場］｜2007年8月27日号
224　出雲大社庁の舎｜書籍「菊竹清訓巡礼」（2012年）
230　市村記念体育館（寄り道）｜
　　　書籍「昭和モダン建築巡礼 西日本編」（2006年）
232　東光園｜2005年8月8日号
238　甲南女子大学｜2006年1月23日号
244　弘前市民会館｜2008年2月25日号
250　京都タワービル｜書籍「昭和モダン建築巡礼 西日本編」（2006年）
252　武蔵野美術大学アトリエ棟［現・4号館］｜2018年1月11日号
258　駒沢体育館、駒沢陸上競技場｜2019年1月10日号
264　旧・江の島ヨットハーバークラブハウス｜2014年7月25日号
282　東京カテドラル聖マリア大聖堂｜書き下ろし
284　国立代々木競技場｜書き下ろし
286　香川県立体育館｜書き下ろし

日経アーキテクチュア再録分の文章と、各章の扉ページの前文は磯達雄による。
「寄り道」の写真キャプションと見出しは宮沢洋が担当。
建物の写真（特記以外）は、日経アーキテクチュア再録分については磯達雄、
「寄り道」と対談中の写真は宮沢洋の撮影。

[著者プロフィル]

磯 達雄 | いそ・たつお

1963年埼玉県生まれ。88年名古屋大学工学部建築学科卒業。
88-99年「日経アーキテクチュア」編集部勤務。
2000年に独立。02年から編集事務所・フリックスタジオを共同主宰。
桑沢デザイン研究所非常勤講師、武蔵野美術大学非常勤講師。
著書に『634の魂』、共著に『高山建築学校伝説』
『デジタル画像で見る日本の建築30年の歩み』
『現代建築家99』『ぼくらが夢見た未来都市』など。
フリックスタジオのホームページはhttp://www.flickstudio.jp/

宮沢 洋 | みやざわ・ひろし

1967年東京生まれ、千葉県育ち。
90年早稲田大学政治経済学部政治学科卒業、日経BP社入社。
文系なのになぜか「日経アーキテクチュア」編集部に配属。
以来、現在まで建築一筋。
2005年1月-08年3月『昭和モダン建築巡礼』、
08年9月-11年7月『建築巡礼ポストモダン編』、
11年8月-13年12月『建築巡礼古建築編』、
14年1月-16年7月『建築巡礼プレモダン編』を連載。
19年現在は再び『建築巡礼昭和モダン編』を連載中。
日経アーキテクチュアの購読申し込みはtech.nikkeibp.co.jp/media/NA/

昭和モダン建築巡礼 完全版 1945-64

2019年10月1日 初版第一刷発行

著者=磯達雄[文]、宮沢洋[イラスト]

編者=日経アーキテクチュア
発行者=望月洋介
発行=日経BP
発売=日経BPマーケティング
〒105-8308 東京都港区虎ノ門4-3-12

装丁・デザイン=刈谷悠三+平川響子/neucitora
印刷・製本=図書印刷株式会社
©Tatsuo Iso, Nikkei Business Publications, Inc. 2019 Printed in Japan
ISBN978-4-296-10361-4

[ご注意]
本書の無断複写・複製[コピー等]は、著作権法上の例外を除き、禁じられています。
購入者以外の第三者によるデータ化及び電子書籍化は、私的使用を含め一切認められておりません。
本書籍に関するお問い合わせ、ご連絡は下記にて承ります。
https://nkbp.jp/booksQA